Petra geht ihren Weg: Anleitung Selbstständigkeit

In 90 Tagen von der Teilzeit- zur Vollzeitunternehmerin

Ein Arbeitsbuch.

Hrsg. Eva Laspas

Mit einem Vorwort von
Marike Frick.

Autoren:
Christina Bodendieck, Claudia Kauscheder, Benita Königbauer, Eva Laspas, Alexandra Loos, Stephanie Mertens, Petra Polk, Verena Sati, Silvia Wessely

Eva Laspas
www.laspas.at

In diesem Buch begleitest du Petra auf ihrem Weg von der Teilzeit- zur Vollzeitselbstständigkeit.

- In den Geschichten entdeckst du viele Tipps und Hintergrundwissen verpackt.
- Mit den Checklisten kannst du dann die Schritte nachvollziehen und auch dein Business auf beide Beine stellen!

https://www.laspas.at/buch-petra-geht-ihren-weg-anleitung-selbststaendigkeit/

Viel Spaß mit deiner Selbstständigkeit!
Deine
Eva Laspas, Hrgb. & Coautoren

ISBN 978-3-9504213-8-5

Mit kleinen Änderungen (falsche Links erneuert) - 2023

Verlag Laspas
Markt 5/4/1
2770 Gutenstein
Österreich
www.laspas.at
Covergestaltung: Verena Sati, www.verenasati.de
Coverbild: strichfiguren.de, adobe stock

Widmung:

Dieses Buch widme ich dir und allen Menschen, die ihr individuelles Talent entdecken und damit anderen Menschen helfen wollen.

Möge die Welt ein kleines bisschen besser werden durch dein So-sein.

Inhalt

Vorwort

Von Marike Frick, www.wasjournalistenwollen.de

Traut euch! (Aber mit Plan)

Wer googelt, findet Lösungen.

„So wirst du durch Videos sichtbar!"
„So ziehst du mit einer Facebook-Gruppe Kunden an!"
„So verkaufst du im Handumdrehen deinen ersten Onlinekurs"

Hach, klingt das alles verführerisch! Wer sich selbstständig machen will, bekommt schnell den Eindruck: „Prima, ich muss nur eine Facebook-Gruppe gründen/einen YouTube-Channel starten/einen Onlinekurs anbieten – und schon läuft das mit dem sechsstelligen Einkommen!"

Leider gibt es Wunder nur bei guten Feen oder Magiern – und von denen ist mir noch keiner über den Weg gelaufen.

Die Realität sieht anders aus:
Darin funktionieren Videos nicht, wenn man nicht die Schmerzpunkte potentieller Kunden kennt. Facebook-Gruppen können zu null Umsätzen führen, wenn sich darin nicht die Richtigen tummeln. Und einen Onlinekurs aufzusetzen, nun ja, das dauert – und bringt vieles an Technik-Gedöns mit sich.

Das, was wir uns so zusammen googeln sind halt keine Wunderlösungen – sondern erst mal nur Bausteine. Das Haus zusammensetzen, das müssen wir allein.
Aber wo anfangen? Was funktioniert für MICH? Und was ist sinnlose Zeitverschwendung?

Auch ich war zu Beginn meiner Online-Selbstständigkeit ungeduldig. Ich hatte so viel gelesen, Webinare besucht,

Freebies runtergeladen – mein Business-Start sollte sofort perfekt sein. Ich buchte dann auch noch eine Beraterin und dachte: „Die sagt mir jetzt, wie die ultimative Lösung für mich aussieht – und dann läuft das Ding!"

Jahre später bin ich immer noch am Ausprobieren, am Verändern und Verbessern. Ja, das Ding läuft. Aber nur, weil ich immer weiter daran arbeite und mir auch immer wieder Beratung und Begleitung suche.

Die EINE Lösung habe ich noch nicht gefunden. Es gibt vieles, das hat bei mir genauso funktioniert, wie es bei anderen funktioniert hatte. Rezepte, die ich 1:1 nachkochen konnte. Anderes musste ich anpassen. Oder erst mal langsam aufbauen. Ich habe mich selbst gezügelt, nicht gleich alle Social-Media-Kanäle auf einmal ausprobiert. Ich mache lieber einen Schritt nach dem anderen – um mich nicht zu überfordern, und auch, weil ich immer denke: Wenn ich jetzt schon diese neue Sache mache, dann aber RICHTIG.

„Mal eben" geht also gar nix, wenn man sich selbstständig macht. Und da ist es egal, ob es um eine Praxis-Eröffnung geht oder ein Online-Business! Hinter jedem Erfolg steckt ein altes deutsches – vielleicht für einige unsexy klingendes - Wort: Fleißarbeit.

Und trotzdem kann ich nur eines sagen:
TUT ES.

Verlasst eure Komfortzone, verbrennt euch auch mal die Finger, macht Fehler und lernt daraus.

Denn in welchem anderen Job können wir schon unsere ganz eigenen Träume verwirklichen? Selbst bestimmen, wo's langgeht? Uns ausprobieren?

Das geht nur, wenn wir unser eigenes Ding rocken.

Die ersten Schritte sind dabei verdammt wichtig: In welche Nische will ich mich eigentlich begeben? Wer ist mein absoluter Wunschkunde? Und wie viel Geld muss ich verdienen, damit sich das Ganze trägt?

Erst, wer das klar hat, kann sich über das WIE Gedanken machen: Das Business mit Video-Content bekannter machen? In einer Facebook-Gruppe die Wunschkunden anziehen? Und später dann mit einem Online-Kurs genau das gewünschte Einkommen anstreben?

Denn egal, ob YouTube, Blog oder Facebook-Post: Das Marketing fällt so viel leichter, wenn die grundlegenden Fragen geklärt sind. Mein Spezialgebiet sind Pressearbeit und Content-Erstellung – ich weiß also, wovon ich rede!

Wer sich etwa als Experte in den Medien etablieren will, braucht einen klaren Schwerpunkt, je nischiger, desto besser. Und die Themen für Blogposts, Videos oder Podcasts flutschen wie von selbst, wenn man genau weiß, welchen Kunden man anziehen will.

Dafür muss man aber diese wichtigen ersten Schritte gegangen sein.

Deshalb: erst dieses Buch lesen – dann googeln.
Und: ausprobieren.
Jede Menge ausprobieren.

Marike Frick ist ausgebildete Journalistin und zeigt Unternehmern und Einzelkämpfern, wie sie ihre Pressearbeit selber machen können – und mit richtig gutem Content ihre Wunschkunden anziehen. Ihre Texte sind u. a. in DIE ZEIT, Brigitte, Financial Times Deutschland, Spiegel Online und Business Punk erschienen. Sie lebt mit ihrer Familie derzeit in Genf, glaubt an die tägliche Ration Kaffee (Barista-Style) und liebt gut gemachte TV-Serien in Kombination mit dunkler Schokolade und Pinot Noir. **wasjournalistenwollen.de**

Die Autoren

In alphabetischer Reihenfolge.

Christina Bodendieck berät und unterstützt Unternehmen und Selbstständige durch Akquise und Marketing-Strategien, Training und Coaching zu allen Akquise und Vertriebsthemen. Sie gibt Workshops und hält Vorträge. **https://www.akquise-plus.de**

Claudia Kauscheder: Nach langer Suche nach „ihrem Ding" hat sie sich auf das konzentriert, was ihr am meisten liegt und was ihre KundInnen am schnellsten voranbringt: Fokus, Organisation, Struktur und Selbst-Management. In ihrem „Abenteuer Home-Office" teilt sie ihre mehr als 20-jährigen aber auch ganz aktuellen Erfahrungen aus ihrem eigenen Online-Business mit ihren LeserInnen, Podcast-AbonnentInnen und KundInnen. **abenteuerhomeoffice.at**

Benita Königbauer hilft ambitionierten SteuerBERATERN und Buchhaltern, ihre Kanzleien auf gesunde Füße zu stellen, damit sie ihr volles Potenzial ausschöpfen und ihre beste Leistung bringen können. **benita-koenigbauer.de/**

Eva Laspas, Autorin und Herausgeberin dieses Buches, fühlt das einzigartige Talent und Potential, das Menschen hinter all ihren Worten und Text verbergen. Mit ganzheitlichem Text-Konzept (USP durch Text, Text-CI, SEO) unterstützt sie Unternehmerinnen zur Marktpräsenz durch Text. Sie ist zudem Gründerin des Onlinemagazins Festival der Sinne seit 2003. **www.laspas.at**

Alex Loos, 30 Jahre Erfahrung als Beauty-, Image- & Präsenz Coach für Ladies mit Biz, die sich ohne Marktschreierei mit ihrem Business zeigen wollen. Damit sie die Kunden anziehen, die zu ihren Werten passen. Der Fokus liegt auf der visuellen und auditiven Eigen-Präsentation in Videos, Webinaren und Podcast. **www.alexandra-loos.com**

Stephanie Mertens, Lebensberaterin und Ausbildnerin, arbeitet als Businessentwicklungsmentorin mit selbstständigen Frauen, die sich in Wandel und Veränderung befinden. Mit dem Einsatz von Reflektionsmethoden erzielt Stephanie Mertens nachhaltige Erfolge, weil Wachstum und Veränderung ohne innere Bereitschaft und Stimmigkeit nur schwer gelingen. Im Buch sorgt sie darum für den inneren Einklang. **www.stephaniemertens.de**

Petra Polk, Strategin und Chancendenkerin, begeistert als Rednerin und Keynote-Speakerin über Networking, Social Media- und Gender-Marketing. Sie ist Gründerin und Franchisegeberin von W.I.N Women in Network®, Herausgeberin des Frauenmagazin „die geWINnerin" und wird als strategische Beraterin für Marketing, Vertrieb und Kommunikation von Unternehmen gebucht. **www.petrapolk.com**

Verena Sati zeigt Unternehmerinnen, wie sie ein starkes Design für ihre Marke aufbauen und dadurch am Markt noch bekannter werden. Durch die gezielte Auswahl von Farben, Schriften & Bildern zeigen wir, was in uns steckt und wie wir unserer Zielgruppe helfen können - auf den ersten Blick. **www.verenasati.de**

Silvia Wessely, Stimmanalyse & Grundtonbestimmung, führt Menschen über deren eigene Stimme in die Erfolgsstimmung. Sie zeigt Menschen wie sie mit sich selbst in die Leichtigkeit kommen um Ziele zu verwirklichen. Als Stimmanalytikerin unterstützt sie auch Gruppen, Teams und Menschen, in den verschiedensten Beziehungen, im stimmungsvollen Umgang miteinander. Sie ist Autorin, des Buches „Körperstimmklang", Trainerin und Workshopleiterin in Österreich und Griechenland. **www.silvia-wessely.com**

Einleitung: Petra findet die Lösung

Petra wälzt sich auf die andere Seite. Ein Blick auf den Wecker – 3:25 Uhr. Die Nacht dauert noch lange. Neben sich hört sich das sanfte Schnarchen ihres Mannes.
„Was“, denkt sie sicherlich zum 1001. Mal, „was, wenn ich den Sprung in die reine Selbstständigkeit nicht schaffe? Was, wenn ich einfach weiterhin nicht von der Stelle komme ...?“

Und wieder beginnt das Gedankenkarussell zu rattern.

Komplett raus aus dem ungeliebten Job.

Möglichst rasch ausschließlich selbstständig werden.

Ja, das probiert Petra schon einige Monate, seit sie sich entschlossen hat, nun wirklich Nägel mit Köpfen zu machen. Bisher hat sie hie und da einen Kunden bei sich zu Hause im umgebauten Keller behandelt. Teilzeitselbstständig nennt sie das bei sich. Aber als sie dann mit Grippe im Bett lag, wusste sie, dass sie eine Entscheidung treffen durfte. Krankheiten waren für sie immer ein Zeichen, dass es nun wirklich an der Zeit war, etwas im Leben zu verändern.

Also hat sie sich entschlossen, den Halbtagsjob in der Anstellung an den Nagel zu hängen und ihrer Manual-Therapie (Name frei erfunden) nun endlich den Stellenwert in ihrem Leben zu geben, den sie sich schon so lange insgeheim wünschte.

Doch irgendwie kommt sie jetzt nicht wirklich vorwärts. Verirrt sich immer wieder in den Angeboten und Ratschlägen, die sie in Facebook, Social-Media-Kanälen und Blogs findet.

Zweifel an der ganzen Aktion kommen dabei immer öfter:

Ob meine Idee mit der Therapie auch vom Markt so angenommen wird, dass ich davon leben kann?

Ein Teil in ihr ist sich sicher, denn ihre ManualTherapie hat bei ihren bisherigen Klienten wunderbare Erfolge erzielt.

Petra wünscht sich:

- Nicht mehr lange herumzuprobieren, sondern Nägel mit Köpfen zu machen.
- Ihr Unternehmen muss bald etwas abwerfen, sie möchte kein „Hobby" betreiben.
- Dann möchte sie sich vergrößern, ein Team haben und eine Ausbildung dazu ins Leben rufen.
- Dann Franchise ... Sie sieht es schon vor sich, wie die ManualTherapie von Land zu Land getragen wird und Menschen heil macht.

Jetzt fühlt Petra wieder die Energie ihres Planes.

Voller Vorfreude denkt sie: „Wenn ich das alles nur schon möglichst gestern fertig hätte ... Ich möchte so gerne jetzt starten, denn ich bin es gewohnt, meine Ziele zu erreichen."

Keine Lösung in Sicht?

Die Nacht weicht trüber Morgenstimmung. Petra quält sich aus dem Bett, die Morgenroutine beginnt. Kinder in die Schule, sie in den ungeliebten Halbtagsjob.

Die Planung für ihr Unternehmen wird auf den späten Abend vertagt. Auf einen Zeitpunkt, wo sie den letzten Klienten verabschiedet und die Kinder ins Bett gebracht hat. Wo sie sich dann, körperlich müde, aber geistig hellwach, an ihren PC setzen würde, um noch etwas an ihrem Businessaufbau zu arbeiten. Und sich dann im Überangebot an Tipps im Internet verlieren würde, bis ihr die Augen zufielen und sie sich ins Bett schleppen würde.

Wie jeden Tag. Und das schon einige Monate lang.

Tief in ihr flüstert eine Stimme: „So wird sich nichts verändern.“

Petra weiß, sie hängt fest.

Sie wird traurig.

Doch dann siegt ihr Optimismus, geschickt verdrängt sie ihre Traurigkeit, denn:
An diesem Nachmittag trifft sie ihre Freundin Sabine.

Sabine schaut blendend aus.

Sie lächelt und setzt sich schwungvoll an den Tisch im Café.

„Na?“, schaut sie Petra besorgt ins Gesicht. „Du schaust aber nicht gerade motiviert aus? Was tut sich mit deiner Firma?“

Petra klagt ihrer Freundin ihr Leid. Sie wisse nicht genau, wie und wo sie anfangen soll.

- Immerhin hat sie sich schon einmal eine Webseite erstellt.
- Doch sie findet keine passenden Bilder.
- An den Texten schreibt sie dauernd neu.
- Eine Facebook-Fanpage hat sie sich auch schon erstellt.
- Und eine Grafikerin gefunden für ein Logo. Doch irgendwie steigt da kein Bild in ihr auf. Was soll sie der Grafikerin sagen?

Noch vor ein paar Monaten war Petra so klar, mittlerweile fühlt sie sich wie im Nebel.

Irgendwie fehlt der rote Faden. Und die Zeit verstreicht.

Der Job nervt immer mehr, und die Zweigleisigkeit kostet Kraft.

Sabine kann helfen

Sabine weiß Rat. Sie hat fast zeitgleich mit Petra ihre Selbstständigkeit vorbereitet.
Die Vorbereitungen für den „Tag der Eröffnung“ laufen auf Hochtouren.

- Logo,
- Farben,
- Webseite,
- Inhalte und sogar der
- Termin für den Eröffnungsevent sind auf ihr Ziel und ihre Zielgruppe abgestimmt und geplant.

Wenn sie in der Früh aufsteht, weiß sie genau, was sie zu tun hat.

Sie hat ihr genaues Arbeitspensum und lernt gerade, sich als Selbstständige zu organisieren. Das ist gar nicht so einfach, denn als Angestellte denkt man völlig anders.

Sie hat ihre Stärken und Schwächen notiert, integriert ihre Stärken in ihr Business und holt sich Unterstützung in den Bereichen, wo sie nicht so gut ist. Wie Buchhaltung oder Telefonakquise.

Und sie lernt, auf sich stolz zu sein, wenn sie ein Etappenziel erreicht hat.

Es ist zwar noch ein Stück Weg bis zum offiziellen Eröffnungstermin, doch sie weiß jetzt schon: Es wird ein toller Tag. Sie malt ihn sich jeden Tag am Abend vor dem Schlafengehen aus, wie sie es von ihrer Mentorin gelernt hat.

Petra ist neidisch. Aber auch stolz auf ihre Freundin.

Genau das will sie auch!

Wie Sabine das geschafft hat?

Text-Konzepte und Mentoring

Sabine hat vor einiger Zeit einige Strategiesitzungen im Mentoring-Programm bei „Eva Laspas – Text-Konzepte" gemacht.

In einem genialen mehrstufigen System erarbeitete sie sich mit der Unterstützung von Eva Laspas ihr Ziel und stimmte darauf alle To-dos ab. Teilweise mit externen Beratern, mit denen Eva Laspas zusammenarbeitet, teilweise mit Eva persönlich.

„Weißt du", sagt sie zu Petra, „Eva hat die Erfahrung. Und sie arbeitet ganzheitlich. Wenn ich irgendwo zu viel oder zu wenig Zeit einplane oder gar einen wichtigen Zwischenschritt vergesse, bittet sie mich, den Plan nochmal genauer abzustimmen und zu schauen, ob ich nicht etwas vergessen habe. Damit lerne ich, meine Pläne nochmal mit dem Adlerblick zu betrachten. Das verhindert viele Fehler."

Mit dem Know-how einer erfahrenen Unternehmerin an ihrer Seite kann Sabine ruhig schlafen.

Sabine erzählt weiter: „Eva Laspas wird mich bis zum Eröffnungsevent unterstützen, ist aber danach auch noch für unterschiedliche Textprojekte für mich da. Bei Eva bekomme ich alles aus einer Hand und muss nicht irgendwelche Dienstleister suchen!

Aber das Wichtigste ist: Ich schaue nicht links und nicht rechts, höre auf keine gutgemeinten Einflüsterungen von Freunden, Familie oder Experten, die mein Projekt nicht kennen und mich vom Ziel abbringen würden. Ich gehe einfach zielstrebig meinen Weg auf mein Ziel zu.

Und das spart enorm viel Energie!"

Petra findet ihren Weg

Petra ist begeistert. Genau das hat sie gesucht!

Sie lässt sich von Sabine die Kontaktdaten von Eva Laspas geben und nimmt am nächsten Nachmittag gleich Kontakt auf.

Schon im Kennenlerngespräch fühlt sie sich verstanden.

Eva leitet sie durch das Gespräch und stellt zielgerichtete Fragen, bei denen Petra schon ganze „Kronleuchter" aufgehen.

Dabei erklärt Eva, wie das Positionierungs-Programm „HerzensArt" bei ihr funktioniert.

Es ist ein Baukastensystem, bei dem Petra Stufe für Stufe erklimmt, bis sie ihr Unternehmen gegründet und auf dem Markt präsentiert hat.

Aber auch für danach gibt es Unterstützung. Eva kennt erstklassige Kooperationspartner für nahezu jeden unternehmerischen Bedarf.

Jetzt fällt Petra ein Stein vom Herzen.

Denn sie hat mit ihrer ganz speziellen Therapieform ja wirklich hohe Ziele.

„Welche Werbung ist da die beste für mich?", fragt sie.

„Das klären wir alles in unserem ersten Strategiegespräch", bremst Eva ihren Überschwang ein, macht ihr gleichzeitig aber Mut: „Wichtig ist, dass Sie dort Werbung machen, wo Ihre Zielgruppe sich aufhält. Und anhand meiner Fragen werden Sie erkennen, mit wem Sie zusammenarbeiten möchten und wo Sie diese Menschengruppe finden. Und mit welchen Werbemöglichkeiten Sie sich auch selber wohlfühlen."

Petra ist überzeugt.

Sie bucht das Positionierungs-Programm von Eva Laspas, das mit einem Sondierungsgespräch beginnt.

90 Tage später

Der große Tag ist da!
Petra springt voller Tatendrang aus dem Bett: „Heute eröffne ich meine Therapieräume! Heute wird mein Traum wahr!"

Petra hat es geschafft.

In nur drei Monaten.

Mit Anleitung und wirklich viel Arbeit.

Sie war unheimlich fleißig.

Manchmal hat sie die Verzweiflung überkommen, ob sie alles auch rechtzeitig hinbekommen würde. Aber durch die Rückenstärkung von Eva und die Struktur, die sie sich mit Evas Unterstützung ausgearbeitet hatte, konnte sie die Höhen und Tiefen durchtauchen und ihren Traum wahr werden lassen.

Meine groben Ideen:

....

....

....

TEIL 1

Schritt um Schritt

Lege den Grundstein für dein Business

Petra hat ihr neues Kleid zum Termin(Online) mit Eva angezogen. Es ist violett – ihre Lieblingsfarbe.

Sie sieht es als Talisman. Violett ist ihre Lieblingsfarbe und Petra möchte gerne auch ihr Unternehmen in Lilatönen gestalten.

Sie freut sich sehr und geht mit beschwingten Schritten zu Evas Büro.

„Heute beginnt ein neues Kapitel meines Lebens!“, denkt sie.

Und damit hat sie Recht. Das Leben einer selbstständigen Unternehmerin ist völlig anders als das einer Angestellten und wird Petra noch vor einige Herausforderungen stellen, an denen sie wachsen darf.

Stärken und Schwächen

Nachdem sie sich bekannt gemacht haben und Petra sich richtig wohlfühlt, gibt Eva ihr eine Checkliste mit „Fähigkeiten einer Unternehmerin“ (siehe Teil 2.)

Sie bittet Petra, auf einem Blatt Papier zu notieren, welche Tätigkeiten sie gerne macht und welche nicht. Dabei soll sie schonungslos ehrlich sein.

Außerdem soll sie Tätigkeiten ergänzen, die für ihr persönliches Business – ihre ManualTherapie (Name frei erfunden) – wichtig sind.
„Sei hier wirklich ehrlich zu dir“, rät Eva. „Das ist die erste Lektion für uns Unternehmerinnen – mir selber einzuge-

stehen, worin meine Stärken liegen und welche Tätigkeiten mir wenig oder gar nicht liegen. Die zweite Lektion ist, sich und anderen seine Fehler einzugestehen. Dabei gibt es bei vielen Menschen auch schon den ersten Glaubenssatz zu bearbeiten.

Wir alle sind damit aufgewachsen, Fehler möglichst zu vermeiden, damit wir nicht ausgelacht oder geschimpft werden. Das führt leider dazu, dass wir uns später im Leben nichts mehr Neues zu machen trauen. Ohne Neues stagniert unser Leben bald und wir werden unglücklich.

Sobald du dich selbstständig machst, ist es jedoch sehr wichtig, dass du immer wieder Neues dazulernst und umsetzt, um auf dem Markt zu bestehen, sowie lernst, Fehler zu machen, um dich zu verbessern.

Und da die Fehler meist in direktem Zusammenhang mit deinem Verdienst stehen, lernst du relativ rasch auf die schmerzhafte Tour, wo deine ‚Lernaufgaben' sind.

Mit dieser Liste hast du ein Werkzeug, um deine Stärken voll auszunutzen und sie in dein Business zu integrieren. Sie machen dich stark.

Außerdem kannst du das, was du nicht so gut kannst bzw. worauf du keine Lust hast, bewusst outsourcen, da du dir so viel Zeit sparen wirst. Entscheidest du dich aber, diese Tätigkeiten trotzdem zu machen, obwohl sie dir nicht besonders liegen, kalkulierst du von Anfang an viel mehr Zeit ein, passt bei der Arbeit besonders auf und lässt sie von anderen Menschen nochmal kontrollieren. So lernst du mit der Zeit, auch diese Tätigkeiten zu beherrschen.

Und damit sind wir gleich bei der dritten Lektion für Selbstständige: Lerne, Hilfe in Form von Feedback oder Korrekturen anzunehmen. Bitte jedoch weder Freunde noch Familie oder Nachbarn um Hilfe, denn sie sind meist nicht unternehmerisch geschult und bringen ihre Glaubenssätze ins Gespräch mit.

Suche dir andere Unternehmerinnen in einem Netzwerk, einer Mastermindgruppe oder eine Mentorin, die schon viele Jahre Erfahrung mitbringt. Und lerne, Unterstützung anzunehmen!"

Sinn und Zweck deines Business

Nachdem Petra die Liste ausgefüllt und ergänzt hat, bekommt sie auch schon die erste Aufgabe. Bis zur nächsten Stunde darf sie sich überlegen, was wir wirklich gut kann. Durch einfache Arbeitsblätter kommt sie innerhalb von vier Wochen auf ihre persönliche HerzensArt.

Danach beginnt Eva ganz zwanglos mit ihrer „**Discovery & Briefing-Methode**" (Siehe Anhang). Sie stellt Petra Fragen und notiert sich jedes Mal Teile von Petras Antworten, geht in sich, wie wenn sie auf etwas lauschen würde, und stellt dann die nächste Frage.

Scheinbar ohne Zusammenhang springen sie dahin und dorthin, eine Antwort ergibt die nächste Frage. Erst versucht Petra einen Sinn dahinter zu entdecken, doch bald überkommt sie eine tiefe Ruhe und Sicherheit. Die Antworten steigen nun aus ihrer Intuition empor, ihre Stimme hat sich verändert, ihre Augen leuchten.

Die Luft um die beiden Frauen scheint zu vibrieren. Die Zeit steht still. Petra fühlt sich in ihrem Kern erkannt und mit ihm verbunden.

Und dann ist es vorbei.

Eva hat viele dicht beschriebene Zettel vor sich liegen. Petra schaut auf die Uhr.

Diese Stunde ist rasch vergangen.

Was war das?

„Wir holen nach und nach alle Inhalte, Slogan und Werte aus dir heraus, die für dich und dein Business wichtig sind. Das ist die Basis, auf der du dein Unternehmen jetzt einmal aufbauen wirst. Wir haben Sinn und Zweck deines Unternehmens definiert.

Ich vergleiche es gerne mit dem Kochen. Durch meine Fragemethode haben wir alle Bestandteile des Rezeptes zusammengesammelt, die schon in dir liegen. Nun gilt es, sie in eine sinnvolle Reihenfolge zu bringen und ihnen Leben einzuhauchen, damit du rasch und ohne Umwege dein Unternehmen starten kannst. Etwas später werden wir daraus auch dein Text-Konzept für dein gesamtes Business gestalten", beschreibt Eva ihr Wirken.

So geht das die nächsten drei Wochen weiter. Jede Woche eine Stunde und Arbeitsblätter

Am Ende der Zeit holt Eva noch eine Checkliste heraus. Es ist der „rote Faden" (siehe Teil 2) für Unternehmerinnen. Er bringt maximale Zeitersparnis, da die Aufgaben chronologisch aufeinander abgestimmt sind und keine Arbeiten doppelt gemacht werden.
Und so geht Petra nach Abschluss des Programmes mit einem Kalender gefüllt mit To-dos nach Hause. In den nächsten Tagen wird Eva ihr ihre Farben und Schriften schicken, die sie gemeinsam ausgearbeitet haben. Sie selber wird Bilder suchen, die das Ziel ihres Kunden verdeutlichen.

Petra wird nun Schritt für Schritt den „roten Faden" abarbeiten. Gemeinsam mit Eva hat sie alle notwendigen Schritte eingeplant – dabei hat Eva sie manchmal bremsen müssen: „Plane nicht zu viel an einem Tag! Du hast ja auch Kinder und da kann immer etwas dazwischen kommen.

Außerdem nimm dir auch Zeit für dich und entspanne regelmäßig. Du bist jetzt dein wichtigstes Kapital!"

Außerdem hat Petra die nächsten Stunden mit Eva terminisiert, wo sie über ihre Erfolge berichten und Fragen stellen kann und die nächsten Schritte planen wird.

Als sie im Bett liegt, geht sie noch einmal die Erfolge durch, die sie heute verzeichnet hat, und schläft zum ersten Mal seit Monaten tief und fest bis zum nächsten Morgen.

Der Sinn und Zweck meines Business:

....

....

....

....

....

....

....

....

....

....

....

....

....

....

....

Petra definiert ihren Wunschkunden

Du hast sicher schon vom sogenannten „Bauchladen“ gehört. Diesen „Gemischtwarenladen“, den wir auf vielen Webseiten finden können.

Zahlreiche Angebote bunt gemischt. Der Kunde soll sich aussuchen, was er braucht. Das hat früher funktioniert, als es noch vergleichsweise wenig Webseiten gegeben hat.

Heute, wo täglich tausende Webseiten neu dazukommen, funktioniert das nicht mehr.

Google hat sich auf das Suchverhalten der Menschen eingestellt.

Um gefunden zu werden, darfst du ein unkonkretes „Sam-melsurium an Angeboten“ vermeiden.

Zwei Beispiele:

Da ist Karin, die sehr viele Ausbildungen gemacht hat:

Shiatsu, Aromatherapie und Klangmassage. Außerdem malt sie Bilder und bastelt hingebungsvoll wunderschönen Schmuck.

Wenn nun Karin eine einzige Webseite baut, wo sie alle fünf Bereiche auflistet, ohne einen Schwerpunkt zu setzen, ist das der oben genannte „Bauchladen".

Menschen, die auf Karins Webseite kommen, sind überfordert. Sie erkennen nicht, ob und wie ihnen Karin helfen kann.
Karin hat dadurch wenig Kunden und Umsatz, was sie dazu verleitet, noch ein bisschen bei einem Direktvertrieb mitzumachen. Das kommt auch noch auf die Webseite.

Dann gibt es Sabine, sie hat nur Shiatsu gelernt.

Ihr Schwerpunkt ist genau diese Körpertherapie. Sie bildet sich auf diesem Gebiet weiter und tauscht sich regelmäßig mit anderen Shiatsu-Therapeuten aus. Privat liebt auch sie es, Bilder zu malen. Doch die hängen in ihrer Praxis, sind auf Fotos zu sehen und nicht zu verkaufen.

Auch ihr Bereich ist vielfältig.

Shiatsu kann unendlich viele Probleme lösen.

Doch Sabine hat eine klare berufliche Ausrichtung.

Die sie mit ihrem Hobby nicht vermischt.

Sie schreibt jede Woche neue Blogartikel mit unterschiedlichen Schwerpunkten, setzt jahreszeitliche Themen und stellt so die vielen Anwendungsmöglichkeiten von Shiatsu vor.

Und das auch auf einer einzigen Webseite.

Das ist kein „Bauchladen".

Erkennst du den Unterschied?
Der liegt in der *Zielgruppe*.

Im *idealen* Kunden.

Karin hat *keinen* ausreichend definierten idealen Kunden. Und *keinen* Schwerpunkt. Kein „Lieblingsproblem“, das sie besonders gerne und gut lösen kann.

Anders **Sabine**.

Sie wünscht sich von ihrem Kunden:
Er soll schon von Shiatsu gehört haben und wissen, dass es auch bei seinem Problem (egal, welches das ist) eingesetzt werden kann.

Damit ist das Profil (= Ziel) ihres Wunschkunden klar definiert.

Es ist auf Shiatsu ausgerichtet.

Vielleicht spezialisiert sich **Sabine** in einigen Jahren auf Kinderwunsch-Frauen oder Frauen in den Wechseljahren.

Oder sie kreiert ihre eigene Methode.

Das ist im Moment noch nicht klar. So weit ist sie noch nicht, sie hat gerade erst begonnen. Und das ist völlig ok.

Alles braucht Zeit zum Wachsen.

Daher zeigt ihr Blog jetzt eine wunderbare Mischung von allen Aspekten, die Shiatsu zu bieten hat.

Warum du deinen Wunschkunden unbedingt brauchst

Dein Interessent kommt über Text zu dir. Er sucht über Suchmaschinen mittels Wörtern nach einer Lösung für sein Problem.

Egal, ob du einen V-Log hast oder einen Blog, nur einen Social-Media-Kanal oder eine Business-Webseite, die eine Plattform deiner Angebote ist. Ob Überschrift, Titel, Post oder SEO – alles lebt von Text.

Text ist der rote Faden, der sich durch dein gesamtes Business webt und es zusammenhält.

Da darfst du deine Texte bewusst schreiben. Wörter achtsam wählen.

Denn: Wörter sind nicht gleich Wörter.
Und Text ist nicht gleich Text.

Den richtigen Text im passenden Moment zu lesen, macht den Suchenden zu deinem Kunden.

Den passenden Text zu schreiben ist eine Kunst.

Oft entscheidet ein Wort über Erfolg oder Misserfolg eines Unternehmens.

Lies folgendes Beispiel:

Höre dir diesen Satz an.
Schau dir diesen Satz an.
Fühle mal diesen Satz.

Wie bitte?

Denkst du, Text ist Text, und solange er Deutsch kann, wird der Besucher deiner Webseite auch deinen verstehen?

Das stimmt nicht ganz.

Denn: Es geht nicht nur um die Wörter an sich, damit zwei Menschen einander verstehen.

Kommunikation heißt das Zauberwort – auch bei Texten.

Gut ist, wenn Menschen zumindest dieselbe Sprache sprechen.

Aber nicht einmal dann ist gewährleistet, dass zwei Personen ein und denselben Satz gleich interpretieren.

Ich bin für plakative Beispiele bekannt.

Probieren wir das gleich aus.

Was verstehst du unter diesem Satz?

„Viele Buchstaben machen noch keinen Text."

- Kritik?
- Aufforderung?
- Beschreibung des Wortes „Text"?
- Ein Beispiel für Kommunikation
- Vielleicht hast du dazu ja eine weitere Interpretation?

Das Beispiel zeigt: Es kommt auf die Betonung an.

Die Musik, die jeder Mensch in einen Satz hineinliest.

Darum ist die schriftliche Kommunikation auch ein heikles Thema

Du möchtest mit deinem idealen Kunden in einen Dialog treten. Dir ist wichtig, dass er sein Problem bei oder mit dir löst.

Daraus folgt: Formuliere deine Sätze so, dass dein Kunde genau die Melodie hört, die er gerade braucht.

Ui.
Das ist kompliziert, denkst du?

Ja, Kommunikation *ist* kompliziert. Und darum ist es ja auch sehr wichtig, seinen Kunden-Avatar zu definieren.

Du bist Expertin und hilfst deinem Kunden dabei, sein dringlichstes Problem zu lösen. Es liegt also an dir, die schriftliche Kommunikation dorthin zu lenken, wo der Kunde die Lösung seines Problems findet.

Beim Erstellen deines Textes ist wichtig, dass du

- den Leser auf deiner Seite hältst,
- ihm eine Maßnahme an die Hand gibst, wo er gleich eine Verbesserung bemerkt,
- eine Lösung anbietest und eine
- klare Strategie über die nächsten Schritte.

Wenn du deinen Wunschkunden kennst, weißt du, wie er denkt, und du passt

- Wörter,
- Sätze,
- Satzlänge,
- Wortstellung im Satz,
- Textstruktur,
- Überschriften,
- Zwischenüberschriften

auf ihn und seine Kommunikationsmuster an.

Kommunikationsmuster deines idealen Kunden erkennen

Bei der Kommunikation gibt es einen

- Sender (du)
- und einen Empfänger (dein idealer Kunde).

Du schreibst *deine Sätze* mit der Absicht, etwas Bestimmtes *bei ihm* zu bewirken. Was er *tatsächlich* versteht, kannst du nicht beeinflussen – das ist die unbeabsichtigte Wirkung.

Je nachdem, welche Kanäle du nutzt, gibt es mehr oder weniger Hilfestellung:

Wenn dich dein Wunschkunde bei einem **Vortrag** trifft, kann er dich und deine Worte über die *Ohren* wahrnehmen. Er hört, *wie du die Sätze betonst*. Da er deine Körpersprache *sieht*, macht er sich ein Bild von dir und dem Inhalt deiner Rede.

Telefonierst du mit deinem Wunschkunden, fällt der Sehsinn weg. Zwar nehmen wir intuitiv wahr, ob der andere lächelt, lümmelt oder gerade sitzt – dennoch kann es bei dieser Form der Kommunikation schon zu noch größeren Missverständnissen als beim Vortrag kommen. Besonders wenn es um Humor geht oder um Pointen, kann es mitunter haarig werden.

Bei der **schriftlichen** Kommunikation (alles was Text ist) fällt der letzte Sinneskanal weg, der korrigierend wirkt.

Bei der schriftlichen Kommunikation ist der Leser alleine mit sich und seinen Prägungen.

Ein einfaches Beispiel:

Das Buch kaufe ich.

Du kannst den Satz auf jedem einzelnen Wort betonen, und jedes Mal bekommt der Satz eine andere Bedeutung.

Also:

Das Buch kaufe ich.
Das **Buch** kaufe ich.
Das Buch **kaufe** ich.
Das Buch kaufe **ich**.

Interpretation deiner Kommunikation

Du siehst, schon bei diesem einzigen Satz, der nur vier Wörter hat, gibt es vier verschiedene (Be-)Deutungsmöglichkeiten.

Überlasse deine Texte nicht dem Zufall

Texten ist so wichtig, dass ich dazu ein eigenes Buch „Werbetexte schreiben lernen“ (siehe Abspann) geschrieben habe. Darin gehe ich auf Möglichkeiten ein, wie du mit unterschiedlichen Wörtern und Wortarten deine individuellen Texte verfasst. Damit dich dein Wunschkunde versteht.

Filter, die die Kommunikation beeinflussen

Jeder von uns sendet und empfängt nach seinen persönlichen Filtern:

- Geschlecht
- Alter
- Herkunft
- Kulturkreis
- Bildung
- Religion
- Weltanschauung
- politische Einstellung
- Sprache
- Fremdsprache
- Kinder – Erwachsene
- Lebenserfahrung
- emotionale Päckchen
- Gesundheit
- Krankheit
- soziale Verhältnisse
- Status
- …

Alle diese Faktoren beeinflussen deine Texte, während *du* sie *schreibst*.

Und die gleichen Faktoren beeinflussen *deinen idealen Kunden*, wenn er die Texte *liest*.

Dass wir einander verstehen, grenzt an ein Wunder!

Jetzt wird dir sicher klar, wie wichtig es ist, den Text sorgsam an dein Kundenprofil anzupassen.

Und damit du das kannst, brauchst du eine klare Ausrichtung, wer dein Kunde ist und wie er seine Filter eingestellt hat.

Du brauchst die Ausrichtung auf einen Wunschkunden für dein gesamtes Business

---

Genau aus diesem Grund ist es essenziell, dass du deinen Wunschkunden kennenlernst. Und dein gesamtes Unternehmen auf ihn einstellst. Design, Grafik, Schriften, Texte, Bilder …

Du wirst in diesem Buch immer wieder davon lesen.

Und weil das so wichtig ist, habe ich dir gemeinsam mit anderen Experten ein komplettes „Wunschkundenbuch" geschrieben, das den Umfang dieses Buches sprengen würde.

Im Buch **„Content Marketing. Dein Wunschkunde und sein Traum"** (siehe Buchtipps im Anhang) lernst du in 9 Tagen alle Eigenschaften deines idealen Kunden kennen und erarbeitest dir in dieser Zeit alle Texte, Überschriften, Titel, Schlagwörter etc., die für deine Webseite, deinen Folder bzw. dein gesamtes Unternehmen einsetzbar sind.

„Dein Wunschkunde und sein Traum" erklärt dir aber auch, was SEO und Inbound Marketing sind und wie du die Basics dazu für deine Webseite einsetzt. Durch die unterschiedlichen Expertenthemen erkennst du, dass das Thema Wunschkunde sich durch alle Bereiche deines Business zieht. Für alle, die gerne intuitiv arbeiten, habe ich Audios erstellt, mit denen du deinen Wunschkunden kennen lernst …

Um von diesem Buch hier noch besser zu profitieren, empfehle ich dir, das „Wunschkundenbuch" auch durchzuarbeiten, ehe du an die Umsetzung deiner Pläne zum Business gehst.

Petras Aufgabe: Den Wunschkunden genau definieren

Ideen zu meinem Wunschkunden:

....

....

....

....

....

....

....

....

....

....

....

....

....

....

....

Warum Petra groß planen sollte

Eva erzählt in der ersten Planungsstunde von Plänen, die zehn Jahre und mehr umfassen. Petra wird schwindelig. Sie wagt kaum an ihren „großen Tag" der Eröffnung zu denken, geschweige denn bis über das erste Jahr hinaus.

„Plane groß, kleiner kannst du immer noch werden!", Eva zwinkert. „Aber Spaß beiseite. Es ist wichtig, dass du lernst, Pläne zu machen und Visionen von deinem Ziel zu erzeugen. Groß zu denken, regt dein Gehirn an, in Chancen zu denken. Meist ist es doch so, dass wir Menschen darauf gedrillt sind, nur das Negative zu sehen. Wir denken eher in Problemen als in Lösungen.

Doch als Unternehmerin kommst du mit dieser Art des Denkens nicht sehr weit. Der Markt ändert sich und du darfst umdenken – oder zusperren. Wichtig dabei ist, rechtzeitig zu erkennen, dass sich etwas ändern wird.

Also darfst du Zeichen lesen lernen und auch, in Chancen und Möglichkeiten zu denken.

Außerdem spart das ‚Groß Planen', langfristig gesehen, viel Zeit und Geld. Du kannst jetzt schon Dinge vorbereiten – ich nenne das säen –, die du später brauchst.

Das ist die smarte Variante, dein Business aufzubauen.

Beispielsweise habe ich mein erstes Buch – ich war damals noch TCM-Ernährungsberaterin – auf diese Weise geschrieben. Ich fasste die Presseartikel und Newsletter, die ich innerhalb der vergangenen zwei Jahre geschrieben hatte, zusammen und damit war mein TCM-Buch schon fast fertig. Die Einleitung zur TCM war dann innerhalb kürzester Zeit geschrieben.

Da du planst, ein eigenes Ausbildungsinstitut mit deiner Methode zu gründen, kannst du jetzt schon alles sammeln, was du später an Schulungsunterlagen oder sonstigen Infos brauchst.

Oder dir die Fragen notieren, die andere über deine Arbeitsweise stellen. Und aus diesen Antworten die Texte auf deiner Webseite erstellen. Und dann daraus dein erstes Methodenbuch machen.

Wenn du groß planst, hast du das Material immer genau dann schon parat, wenn du es brauchst. Du machst nichts doppelt und dreifach, sondern hast eine Linie oder ein Geländer, an dem du voranschreitest.

Alles ist aber trotzdem so flexibel, dass du es jederzeit ändern kannst, sollte sich das Konzept als nicht passend für den Markt erweisen."

Das klingt logisch. Petra beschließt, in sich zu gehen und ein wirklich großes Ziel zu formen.

Sie könnte sich eine Praxisgemeinschaft vorstellen, wo viele Therapeuten zusammen an einem Thema arbeiten. Ob sie diese Praxisgemeinschaft selber leiten würde können?

Da wäre einiges Neues zu lernen und zu organisieren. Das würde sich dann mit den Kundenterminen nicht ausgehen.

Petra schüttelt den Kopf: „Das geht sich nicht aus. Wie soll ich arbeiten und solche Dinge organisieren? Wenn ich nicht mit Kunden arbeite, dann verdiene ich ja nichts."

Eva nickt: „Ja, das ist das ganz normale Denken der ersten Stunde. Das ist völlig ok.“ Sie überlegt. „Deine Therapieform ist Arbeit mit den Händen?“

Jetzt nickt Petra.

„Sag mir mal: Wie viele Kunden schaffst du am Tag? Also ehe du körperlich völlig fertig bist?“, fragt Eva.

Petra überlegt. Also vier würden gehen. Einen Tag in der Woche möchte Petra frei haben. Das wären also vier Tage mal vier Klienten. 16 Klienten pro Woche.

Eva fragt weiter: „Wie viel bezahlt ein Klient im Durchschnitt?“

Dieses Thema hat Petra bisher gemieden, sie weiß nicht genau, wie viel sie verlangen soll. Bisher hatte sie 30.- verlangt. Hm. Vielleicht 60 € die Stunde?

Eva verspricht, dass sie das Thema Geld in der nächsten Stunde genau durchnehmen werden.

Für die Erkenntnis, die Petra heute gewinnen sollte, wäre es vorläufig unwichtig, fährt Eva fort: „Nehmen wir also mal die 60 € (die zu wenig sind, wie du später erkennen wirst). 16 Kunden pro Woche mal 60 €, das macht 960 € in der Woche und rund 3.740 € pro Monat.

Davon kommen noch die Versicherungen, Steuern, Miete etc. weg – was genau und wie du das berechnest, berechnen wir das nächste Mal.

Was passiert nun, wenn du zwei Wochen Urlaub machen möchtest?“

In Petras Kopf rattert es. Ach, sie würde ja kein Urlaubsgeld bekommen und wenn sie auf Urlaub ginge, könnte sie auch keine Klienten behandeln. Damit würde sie gar nichts einnehmen!

Sie schaut erschrocken.

„Siehst du“, beruhigt Eva sie, „genau aus dem Grund machen Selbstständige, die schon viele Jahre auf dem Markt sind, eine große Planung. Keiner möchte freiwillig mehr Zeit und Geld in Dinge investieren, die schneller und günstiger gegangen wären.

Du erkennst, dass du irgendwann an einer Umsatzgrenze ankommen wirst. Dem gilt es vorzubeugen. Mit Planung. Denn wenn du mal mehr Umsatz brauchst, hast du sicher keine Zeit mehr, die Vorbereitungen zu machen, um dein Business auf den nächsten Level zu bringen.

Dann sollte alles schon soweit fertig sein, dass du nur mehr ‚ein Ganzes‘ draus machst und sofort Geld verdienst, ohne noch mehr zu arbeiten.

Das kann beispielsweise durch Vermietung der Räumlichkeiten sein.

Wenn du diese Variante wählst, macht es Sinn, dass du dich gleich nach einer größeren Praxis und nach Partnern umschaust. So hast du dann immer wenigstens die Fixkosten der Miete gedeckt, wenn du auf Urlaub fährst oder die Kids krank sind. Und wenn du nach einigen Jahren Kurse und Ausbildungen anbietest, hast du auch die Räumlichkeiten schon.

Aber auch wenn du planst, deine Methode an Franchisepartner weiterzugeben, macht es Sinn, auch diesbezüglich schon die ersten Samen zu legen.“

Petra sieht plötzlich viel klarer. Es ist, als wäre sie mit Eva auf eine Zeitreise in ihre unternehmerische Zukunft gegangen. Durch die Veränderung der Perspektive und die Anleitung einer erfahrenen Unternehmerin an ihrer Seite kann sie jetzt schon die Weichen für später stellen.

„Das ist unternehmerische Vorsorge“, lächelt Eva. „Genau aus diesem Grund ist das ‚Groß Planen‘ eine große Unterstützung und spart Zeit und Geld.“

Petras Aufgabe: Ihr Business aus der Vogelperspektive groß planen

Meine erste Skizze zu meinem großen Plan:

....

....

....

....

....

....

....

....

....

....

....

....

Die "Marke ICH" – Selbstmarketing als Solopreneur

Alexandra Loos, www.alexandraloos.com

Als Unternehmerin bist du nicht nur deine eigene Marke, du musst dich auch selbst vermarkten und deine Leistungen bekannt machen.

Das kann dich vor große Herausforderungen stellen, wenn du dich bisher noch nie mit dem Marketing und der Sichtbarkeit deiner eigenen Person auseinandergesetzt hast.

Und sie kann dir auch etwas Angst machen, diese Sichtbarkeit, denn sie macht ebenso angreifbar wie auch bewertbar.

Als Unternehmerin bist du immer auch deine „Marke ICH", die du nach außen repräsentierst.

Das bedeutet, egal, was du wann und wo machst, es sollte dich und deine Werte zeigen und sich als roter Faden durch dein Selbstmarketing ziehen.

Deine Werte, deine Persönlichkeit und dein eigener Stil sind gerade im digitalen Zeitalter, wo jede Information und jedes ähnliche Angebot nur einen Klick entfernt ist, wichtiger als je zuvor.

Bevor du also sichtbar wirst, stell dir die Fragen:

- Wie willst du überhaupt gesehen werden?
- Welche Marketing-Methoden passen zu dir und deinem Angebot?

Respekt erhältst du mit deiner Fachkompetenz, mit deinen **Fähigkeiten und Werten** gewinnst du Kunden und Partner.

Neben der Fachkompetenz bewerten Kunden aber auch deinen visuellen Auftritt, deine Botschaft und deinen Umgang mit anderen.

Um deine Strategie zur Eigen-PR zu entwickeln, sind folgende Punkte wichtig:

Wen sprichst du genau an?
An Hand dessen wählst du deine Methoden, Kanäle und Netzwerke aus, in denen du dich zeigen möchtest. Es macht einen Unterschied, ob du eher junge Kunden ansprechen möchtest oder dich mehr im Best-Ager-Bereich ansiedelst.

Welchen Nutzen hat dein Kunde?
Menschen interessieren sich für das, was für sie nützlich ist, und dafür, welche Ergebnisse es liefert.
Methoden und coole Fachbegriffe sind dabei meist unwichtig.

Was sind deine Werte und wofür brennst du?
Deine Leidenschaft, die dich mit deinem Angebot und deinem WOZU verbindet, ist eines deiner besten Alleinstellungsmerkmale. Die Art und Weise, wie du von dir und deinem Ziel denkst und redest, hat eine enorme Auswirkung auf deinen Erfolg.

Wer an Erfolg glaubt, wird auch Erfolg haben!

Wie willst du wirken und was willst du vermitteln?

Deine klare Ausrichtung und deine einzigartige Persönlichkeit sind deine Erfolgsfaktoren, um dich von deinen Mitbewerbern abzuheben.

Wer beachtet werden möchte, muss Interesse wecken und im Bereich Marketing eine eindeutige Position einnehmen, auch was die Zielgruppe angeht.

Nicht jeder passt zu dir und deinem Produkt.

An Hand dieser Entscheidungen richtet sich nun deine gesamte Strategie aus, mit der du dich daran machst, dich als „Marke ICH" zu präsentieren.

Vermutlich kennst du schon die Ausrichtung am Wunschkunden. So, wie du dir deine Zielgruppen bzw. deinen Wunschkunden definierst, so kannst du auch für dich eine Persona erstellen, wie du mit deinem Business im Außen wahrgenommen werden möchtest.

Es geht nicht darum, dass du dich verstellst und eine Rolle spielst.

Bleib bei dir und sei authentisch, aber nutze den roten Faden für deinen gesamten Auftritt und passe deine Eigen-PR an deine Persona und an die deines Wunschkunden an.

„Wir verlieren nicht gegen den Wettbewerb, wie verlieren gegen die Unbekanntheit!"

Menschen orientieren sich an Vorbildern und folgen deiner Persönlichkeit. Deine positive Bekanntheit ist dein Social Proof.

Die Investition deines Kunden fühlt sich für ihn dann besser an, vor allem, wenn du als Coach, Trainer, Berater oder Speaker im hochpreisigen Bereich bist.

Kultiviere deine eigene „Spezialität", zeige auch je nach deinem Temperament Ecken und Kanten, denn sie machen dich als Marke unverwechselbar.

Menschen setzen Bekanntheit mit Qualität gleich!

Sobald du dir deine Marketing-Aktionen und deine Plattformen ausgesucht hast, geht es an das Umsetzen deines Selbstmarketings und das Sichtbarwerden.

Klappern gehört zum Handwerk, denn nur so wissen deine zukünftigen Kunden, Kooperationspartner und Empfehlungsgeber, dass es dich und dein unwiderstehliches Angebot auch gibt.

Wie aber kommst du nun an potenzielle Kunden und Kooperationskontakte?

Bist du gern und oft unter vielen Menschen, sind Vorträge und Messen eine gute Möglichkeit, dich ins Gespräch zu bringen.
Je nach deinem Thema kannst du dich auch als Moderatorin anbieten für Charity- oder Sportveranstaltungen, hier werden immer wieder Redner gesucht.

Business-Netzwerke, Organisationen und Veranstaltungen zu deinen Fachgebieten machen die Kontaktaufnahme einfach.

„Think outside the box!“

Anhand deines Wunschkunden-Profils weißt du, welche Interessen dein zukünftiger Kunde hat, und kannst gezielt auf andere Unternehmen zugehen, die entweder zu deinem Gebiet passen oder mit denen du dein Dienstleistungsspektrum erweitern kannst.

Beispiel:

Eine Kundin von mir ist Expertin für Anti-Aging und Hautgesundheit.

Wir haben für sie gemeinsam mit einem Weinhandel, einem Chocolatier und einem Gewürzhändler einen Vortragsabend zum Thema „Schön genießen!“ gestaltet.

Mit einer Auswahl an speziellen Weinen, Gewürzen und der Schokolade, die der Gesundheit und dem guten Aussehen zugutekamen, wurde so ein informatives und abwechslungsreiches Event veranstaltet, das bei allen in extrem positiver Erinnerung blieb.

Beeindrucke offline – überzeuge online!

Auch wenn sich ein großer Teil unseres Lifestyles und Business mittlerweile online abspielt, der Mensch lebt nicht nur digital.

Daher ist es sinnvoll, dass du dir eine hochwertige Grundausstattung an Print-Produkten zulegst und diese auch regelmäßig zum Einsatz bringst.

Vom Profi erstellte Visitenkarten, Briefbögen und ein Stempel sind das Minimum für eine Grundausstattung.

Bitte auch hier den roten Faden deiner Markenpositionierung beibehalten.

Gerade bei Messen, Geschäftsterminen, Tagungen und Kongressen ist eine optisch gut gestaltete und aus edlem Material erzeugte Visitenkarte wichtig für einen bleibenden Eindruck und eine Wertschätzung gegenüber deinem Kontakt.

Dein Online-Auftritt sollte den Gesamteindruck rund machen und auch einen professionellen Eindruck hinterlassen.

Je nachdem, welche Plattform du nutzt und auf welche Kundengruppe du dich fokussierst, bleib bei deinem roten Faden und bei deiner Persönlichkeit.

Stockfotos und Texte, die zu sehr nach Marketingagentur klingen, zeigen nichts von dir und deinen Werten.

Biete deinen Kunden und Followern einen fachlichen Mehrwert, die typischen Werbebeiträge fallen mittlerweile unten durch, vor allem im Social-Media-Bereich.

Sei persönlich, aber nicht privat!

Überleg dir gerade im Online-Bereich, was du von dir zeigst – das Internet vergisst nichts! Eine Kundin von mir hatte eine wunderschöne, exklusive Website, eine dazu passende Fanpage und postete dann auf ihrem privaten Profil ein sehr intimes Bild in einer lasziven Pose, was zu unschönen Kommentaren führte und ihr auch am guten Ruf gekratzt hat.

Selbstmarketing ist am Anfang oft etwas holprig und es ist für viele ungewohnt, sich selbst anzupreisen.
Nur macht es eben keiner für uns, sofern wir nicht gerade eine hauseigene Werbeagentur und das nötige Budget haben.

Je öfter du dein Licht erstrahlen lässt und dich anderen zeigst, deine Kompetenz nach außen bringst und dich nicht von deinem roten Faden abbringen lässt, umso schneller wird dir die Vermarktung der „Marke ICH“ in Fleisch und Blut übergehen und dir mit Sicherheit auch viel Spaß bringen.

„Auch die längste Reise beginnt mit dem ersten Schritt!“

Dazu habe ich spontan folgende Ideen:

....

....

....

....

....

....

....

....

....

....

....

....

....

....

....

Das Text-Konzept für Petra

In einer weiteren Einheit geht es um Petras Texte. Eva arbeitet mit Text-Konzepten. Inhalte, Werte und Ziele für den Wunschkunden haben sie ja schon in der ersten Stunde mit „Discovery & Briefing“ erfasst. Nun geht es daran, die Notizen in Texte und wiedererkennbare Satzfragmente zu verarbeiten. Außerdem verfasst Eva für Petra eine Heldenreise-Geschichte. Sie nennt sie „Her-Story“. Alle Text – auch SEO-Optimierte für die Website, plus Slogan, bekommt Petra in diesem „Konzept“ – eine wunderschöne Mappe, gestaltet in Petras CI-Farben.

Das Text-Konzept ist das Herzstück des Unternehmens, da Text alle Bestandteile wie ein Faden zusammenhält.

Eva beschreibt das so:
„Stell dir vor, du willst einen Pullover stricken. Du nimmst irgendeinen Wollknäuel und beginnst Maschen anzuschlagen. Nach einer Weile hast du genug davon und strickst auf die erste Reihe einige weitere in die Höhe. Irgendwann ist die Wolle zu Ende, und du nimmst einen neuen Knäuel – der hat eine andere Farbe. Und so geht es weiter – mal nimmst du ab, mal zu – ohne Schnitt, Berechnung, ob die Wollmenge passt, oder Idee, welche Form das Stück haben soll.

Ein Werkstück ohne Plan und Ziel ist sinnlos. So auch Text.

Ein Text-Konzept umfasst dein Ziel, deine Werte, deine Vision, deine Mission und den Plan. Es ist genau auf deinen

Wunschkunden, sein Ziel, seinen Wunsch und seine größte Herausforderung zugeschnitten. Da du deine Zielgruppe genau definiert hast, kannst du das, was du von deinem Wunschkunden erwartest, genau in Worte fassen.

Auf diese Art und Weise bekommst du rasch sehr viele zufriedene Kunden, die dich weiterempfehlen werden. Alle anderen Menschen werden sich nicht angesprochen fühlen.

Das Text-Konzept setzt du auf alle Informationen rund um deinen Wunschkunden auf, die du beispielsweise auch im Buch ‚**Content Marketing. Dein Wunschkunde und sein Traum**' erfasst hast.

Eva und Petra gehen nun die Notizen durch, die Eva sich gemacht hat, und finden bald den Slogan, den Petra auf ihren

- Visitenkarten,
- Webseite,
- Folder,
- E-Mail-Unterschrift und
- Anrufbeantworter

einsetzen wird.

Petra wählt ihre Domain

Da Petra lange Zeit eher offline arbeiten wird, einigen sie sich auf eine Einseiten-Webseite, die als ausführlichere Visitenkarte im Netz steht.

Petras Domain wird www.ManualTherapie.com heißen, schon im Hinblick auf das Ausbildungsinstitut und das Franchise, das sie in zehn Jahren geplant hat.

Petra hat sich mittlerweile entschlossen, eine Gemeinschaftspraxis zu gründen, damit sie durch die Mieteinnahmen fixe Einkünfte hat und die Praxisräumlichkeiten sich selber tragen. Damit ihre Mieterinnen und sie voneinander profitieren, sucht sie Therapeutinnen und Coaches, die ähnliche Wunschkunden wie sie haben.

Da die ManualTherapie hauptsächlich eine Prophylaxe für Rückenbeschwerden im unteren Rücken ist, sollen die Kolleginnen ergänzende Angebote haben. So können sie ihre Klienten innerhalb der Praxisgemeinschaft weiterempfehlen, um die Ursache der Beschwerden ganzheitlich zu beseitigen.

Also kauft Petra noch eine weitere Domain, die www.unterer-ruecken-schmerzfrei.net. Hier wird eine einzige Seite entstehen, die SEO-gerecht die Menschen mit Problemen im unteren Rücken auffangen soll. Von dieser Seite weg werden dann Links auf die Seiten der Therapeutinnen gehen.

Wenn die Zusammenarbeit einmal gut angelaufen ist, könnte man hier auch noch das eine oder andere Geschäftsfeld öffnen. Raumvermietung an Externe, Veranstaltungen usw. Alles, was zusätzlich Menschen in die Praxisräumlichkeiten bringen kann.

Die Webseiten wird Petra bei einer Kooperationspartnerin von Eva erstellen lassen, damit spart sie Zeit und Nerven. Die Webseite, an der sie bis jetzt herumgebastelt hat, wird gelöscht, den Webspace wird sie behalten.

Texte, Bilder und Design für die Webseite

Danach erstellen sie die Texte für die unterschiedlichen Teile der Einseiten-Webseite. Da ist zuerst der oberste Bereich, der dem Wunschkunden auf den ersten Blick zeigt, was er hier erwarten kann.

Außerdem erstellen sie Petras „Über mich"-Text.

Und als Hausübung darf Petra einige ihrer Kunden kontaktieren und sie um ein Feedback bitten. Die genauen Fragen, die sie den Menschen stellen wird, hat sie mit Eva zuvor festgelegt. Durch die Feedbacks werden neuen Klienten Sicherheit bekommen und gleichzeitig erfahren, wie die ManualTherapie abläuft.

Für die Bilder, die sie auf der Webseite einsetzen wird, entschließt sich Petra, eine professionelle Fotografin aus Evas Netzwerk zu engagieren. Dafür wird sie einige „Modelle“ aus dem Bekanntenkreis finden und einen Tag mit Fotoshooting verbringen. Da sie ja vorhat, ein Ausbildungsinstitut und Franchise zu machen, will sie gleich von Anfang an professionelle Fotos haben.

Zusammen mit den Farben und Schriften packt Petra dann zwei Wochen später alles zusammen und schickt es an ihre Webdesignerin. Und innerhalb einer Woche sind ihre beiden Webseiten fertig, SEO-optimiert und über Google-Webmastertools indexiert.

Texte für Visitenkarte und Folder

Ausgehend von den Texten auf der Webseite, nehmen Eva und Petra Textfragmente für Petras Folder und Visitenkarte. Petra entschließt sich auch hier, einen Profi aus Evas Netzwerk zu beauftragen. Sie selber würde die Drucksorten niemals professionell hinbekommen. Und da sie ja vollzeitselbstständig sein wird und in zehn Jahren ein Franchiseunternehmen anstrebt, ist die Zeit mit selbstgestrickten Drucksorten vorbei.

Also übermittelt sie der Grafikdesignerin, die mit Eva zusammenarbeitet, ihre Farben, Schriften, Bilder und Texte und hat innerhalb einer Woche auch ihre Drucksorten fertig.

Das möchte ich unbedingt ausgedrückt haben:

....

....

....

....

....

....

....

....

....

....

....

....

....

....

....

....

....

....

Das Design für dein Unternehmen

Verena Sati – www.verenasati.de

Wenn du mit deinem Unternehmen sichtbar werden willst, hilft dir dabei ein aussagestarkes Design.

Dieses zu gestalten erfordert verschiedene Schritte, die ich gleich mit dir durchgehen werde. Doch zunächst möchte ich dir zeigen, was Design an sich bewirkt.

Was ist Design?

Design braucht Sinn und Aussage. „Einfach nur schön aussehen" genügt dabei nicht. Um seine komplette Wirkung zu entfalten, braucht es etwas mehr. Denn Design wirkt auch unbewusst auf uns.

Durch professionelles Design hebst du dich von der Masse ab. Deine Wunschkunden können dich leichter finden und eine Beziehung zu dir aufbauen. Dadurch bleibt ihnen dein Unternehmen besser in Erinnerung.

Beim Design für *dein* Unternehmen darfst du also den Fokus darauf legen, dass es *deine* Wunschkunden anspricht und anzieht. Du kannst dies aber nur erreichen, indem dein Design die Botschaft deines Unternehmens klar zeigt.

Wie entsteht Design?

Im ersten Schritt machst du dir Gedanken darüber, was du mit deinem Design ausdrücken möchtest. Du findest das heraus, indem du dir darüber klar wirst,

- was dich persönlich ausmacht (deine Vision),
- was dein Unternehmen ausmacht und wo du damit hinmöchtest (deine Mission),
- welche Botschaft du an deine Wunschkunden senden willst.

Die Antworten auf diese drei Fragen drückst du im nächsten Schritt exakt durch die richtige Auswahl von Farben, Formen, Schriftarten und Bildern aus.

Dabei solltest du aber darauf achten, dass das Design für dich und vor allem auch für deine Wunschkunden Sinn macht. Es bringt nichts, wenn du beispielsweise ein Babyfoto auf deinen Flyer bringst, aber eigentlich Steuerberaterin für Firmen bist.

Idealerweise lässt du dein Design machen. Das zahlt sich auf alle Fälle aus, besonders aber, wenn du damit keine Erfahrung hast.

Damit du dein Design selber entwickeln kannst, habe ich dir Schritt für Schritt notiert, wie ich bei der Gestaltung von Designs für meine Kundinnen vorgehe.

So entwickelst du dein Design

1. **Definiere deine Vision, deine Zielgruppe und die Botschaft**, die du verbreiten möchtest. Dadurch setzt du die Basis für dein Design und kannst es zielgerichtet entwickeln.
2. Nutze nun diese Informationen, um die grafischen **Elemente** (Farben, Formen, Schriftart und Bilder) festzulegen. Dieses **Video** wird dir dabei helfen: https://vimeo.com/219398288.
3. **Gestalte aus diesen Elementen ein klares Logodesign.** Nimm dir Zeit und gestalte das Logo so einfach und schlicht wie nur möglich (oder arbeite mit einer Grafikdesignerin zusammen). Je leichter deine Wunschkunden dein Logo verstehen, desto mehr wollen sie über

dich und dein Business wissen. Ein Logo sollte deine Einzigartigkeit darstellen und sie auf den ersten Blick erkennbar machen.

Strategie finden für dein Design:

Bei den nächsten Schritten kommt es darauf an, wo du deine Wunschkunden findest. Dabei kommt es auch darauf an, ob du eher online oder offline tätig bist. Anhand deines Wunschkundenprofils wählst du aus, wo du mit welcher Art von Werbung auftreten wirst.

Werbemöglichkeiten – online:

Bloggen, Video, Podcast, Social-Media-Kanäle, Webinare, GoogleAdWords, Newsletter, E-Mail-Funnel

Werbemöglichkeiten – offline:

Flyer, Visitenkarten, Zeitungen, Banner, Plakate, Messestände, Schaufenster, Mailings

Werbemöglichkeiten – netzwerken:

Visitenkarten, Kooperationen, Partnerschaften, Vorträge

Werbemöglichkeiten – Messen:

Visitenkarten, Messestände, Flyer, Broschüren, Give-aways

Du siehst, alles hängt miteinander zusammen. Wenn du definiert hast, wo du deinen Wunschkunden findest und mit welchen Werbemitteln du ihn dort erreichst, gehst du zum nächsten Schritt über.

Es ist sehr wichtig, dass du dir eine Strategie aufbaust und einen Plan machst, was du alles für dein Unternehmen brauchst. Denn so gestaltest du gezielt die Dinge, die du dann wirklich nutzen wirst. Das spart Zeit und Geld.

Wie willst du dein Design umsetzen?

An diesem Punkt solltest du dich entscheiden, ob du dein Design weiterhin selbst machen willst oder es durch eine Grafikdesignerin professionell gestalten lässt. Bedenke dabei, ob du ausreichend Zeit und Kenntnisse hast, um dein Design so zu gestalten, dass es dein Unternehmen professionell präsentiert.

Denn: Der erste Eindruck zählt!

Wenn du dich entscheidest, dein Design selbst zu gestalten, überlege, welche Programme du dafür nutzen wirst. Es gibt professionelle Programme (z.B. von Adobe) oder auch kostenlose Programme für Anfänger. Nicht alle kostenlosen Programme können alle grafischen Elemente umsetzen, sie reichen allerdings, um dich mit dem Designen vertraut zu machen.

Gestalte deine Dokumente:

Visitenkarten, Briefbogen und Co. sind Dokumente, die du im nächsten Schritt umsetzt. Dadurch machst du dich noch besser mit deinem Design vertraut. Du hast am Anfang deine Farben, Formen, Schriftarten und Bilder festgelegt und verwendest sie jetzt für deine Dokumente. Halte dich so gut wie möglich an diese zuvor definierten Elemente und wende sie konsequent auf all deinen Werbemitteln an.

So erschaffst du ein einheitliches Design mit einer klaren Linie.

Dieses hilft dir dabei, dass deine Wunschkunden deine Werbemittel erkennen und deine Vision und Mission im

Unterbewussten abspeichern. Egal, ob sie zuerst deine Visitenkarte bekommen, dich später im Internet sehen oder deinen Flyer irgendwo liegen sehen.

Ein Blick genügt und schon erkennen sie dich anhand deines Designs. Deswegen finde ich es wichtig, auch deine Rechnungen, Angebote oder Briefumschläge in deinem Design zu gestalten.

Zeig dein Unternehmen und deine Produkte:

In diesem Schritt baust du dein Design in deine Flyer, Social-Media-Bilder, Produktbilder, Webseite etc. ein. Wichtig ist, dass du immer an deine Strategie denkst.

Du solltest dich auch immer wieder fragen:

- Was sollen meine Wunschkunden tun, wenn sie meinen Flyer in der Hand halten?
- Was sollen meine Wunschkunden tun, wenn sie auf meiner Webseite sind?
- Was will ich mit meinem Design ausdrücken?

Hier spielen in vielen Fällen ebenfalls die Bilder eine Rolle. Durch die Auswahl der Bilder unterstützt du dein Design noch einmal kräftig. Denn sie transportieren die Botschaft deines Unternehmens bzw. den Zweck deiner Produkte.

Bleibe bei einheitlichem Design:

Verändere dein Design nicht jeden Monat, sondern bleib einheitlich und halte dich an dein Design.

Wenn du unzufrieden bist und kein Design für dich entwickeln kannst, das wirklich zu dir und deinem Unternehmen passt, wende dich an eine Grafikdesignerin.

Anhand ihres Portfolios erkennst du, ob sie in einem Stil gestaltet, der dich anspricht. Schließlich ist wichtig, dass du stolz auf dein Design bist und dich damit wohlfühlst. Denn nur wenn du dich mit deinem Design wohlfühlst, willst du es stolz der Welt zeigen.

Besonders wenn du noch nicht lange selbstständig bist und das „sich zeigen“ eine Herausforderung ist, nutzt du einfach dein Design dazu, dich zu zeigen.

Hol dir Feedback:

Wenn du dein Design nun gestaltet hast, ist es wichtig, dass du dir Feedback von deiner Zielgruppe bzw. von Vertretern deiner Wunschkundengruppe holst.

Ich empfehle dir, *nicht* deine Familie und Freunde zu fragen, wenn sie nicht deinem Wunschkunden entsprechen.

Lass diese „Testgruppe“ daran teilhaben, was dich und dein Unternehmen ausmacht, und schau einfach mal, ob sie dies aus deinem Design herauslesen können. Beim Feedback achte genau darauf, welches davon dir wirklich weiterhilft, dein Design so zu verbessern, dass es dein Wunschkunde noch besser versteht.

Viel Spaß und Erfolg mit deinem Design!
Deine Verena Sati
www.verenasati.de

Meine Ideen dazu sind:

....

....

....

....

Petra und die Zeit

Im Laufe der Vorbereitungsarbeiten bemerkt Petra, dass sie immer knapp mit der Zeit ist.

Natürlich hat sie den Job und baut daneben ihr Business auf. Für den Haushalt hat sie sich eine Unterstützung geholt, die Kinder werden öfter von ihrer Mutter versorgt und Petra hat sich auch ein privates Netzwerk aufgebaut, wo sie untereinander Kinder beaufsichtigen.

Dass da wenig Zeit für sie selbst bleibt, war Petra von vornherein klar.

Was sie aber nicht vorhersehen konnte, war der Zeitaufwand für die einzelnen Schritte, die es braucht, um ihr Business überhaupt starten zu können. Sie hat das Pensum maßlos unterschätzt.

Bald hinkt sie mit den Vorbereitungsarbeiten hinten nach. Sie verschiebt erst die To-dos von einem Tag auf den Folge-tag.

Doch bald bleibt so viel über, dass sie es an den Wochenenden aufarbeiten muss. Essen brennt im Topf an, in die Weißwäsche rutscht ein rotes T-Shirt und eine Fehl-buchung auf der Bank kostet einige Stunden, bis sie das geklärt hat.

Und weil das noch nicht genug ist, werden die Kids krank. Leider haben sie Petras Mutter angesteckt. Somit fällt die Versorgung der Kinder weg, Petra darf ihre Kids selber vom Kindergarten abholen und auch Abendessen kochen.

Sobald die Kinder im Bett liegen, setzt sich Petra an ihre Vorbereitungen für den Tag der Eröffnung. Doch sie ist eigentlich zu müde. Daher hängt sich der PC ständig auf und das Internet stockt.

Natürlich schleicht sich auch das schlechte Gewissen bei

Petra ein, dass sie schon lange keinen Abend mehr mit ihrem Mann verbracht hat. Zurzeit leben sie einfach nur nebeneinander her und geben sich die Türe und die Kinder in die Hand.
Petra spürt, wie sie schrecklich nervös wird. Und es beschleicht sie erneut das ungute Gefühl, das sie hatte, ehe sie zu Eva ging.

„Was“, denkt sie jetzt wieder, „was, wenn ich das mit meiner Selbstständigkeit nicht schaffe? Was, wenn ich einfach weiterhin nicht von der Stelle komme ...?“

Doch gleich darauf schimpft sie sich: „Geht das jetzt wieder los?“

Und statt in Verzweiflung zu verfallen, nimmt sie am nächsten Tag Kontakt mit Eva auf. Ihre Mentorin weiß immer Rat.

Einen Schritt zurücktreten

Und tatsächlich, Eva nickt. Sie kenne das auch: „Das ist ein Phänomen, das man nie ganz loswird. Da gilt es, zu lernen,

- diese Phasen zu erkennen und
- so früh wie möglich aus der Spirale auszusteigen.

Denn vor lauter Arbeit beginnt sich eine ‚Spirale‘ zu drehen, man kommt scheinbar nicht vom Fleck, wird ungeduldig, schläft schlechter, schafft noch weniger, dann kommen die ‚Dinge des Lebens‘ dazu und das schlechte Gewissen macht die Sache auch nicht besser.“

Eva hat einen Leitsatz:

„Wenn die Aufgaben auf dich einstürmen und du nichts mehr weiterbringst, mach eine Pause.“

Petra glaubt sich verhört zu haben. „Wie soll ich jetzt eine Pause machen? Ich hänge doch mit allem hinterher! Und wem soll ich die Kinder geben?“

„Ja, und genau hier setzt du einen Punkt“, nickt Eva.

„Und nimmst dir für den Rest des Tages frei. Hattest du nicht von einem Netzwerk aus Nachbarinnen gesprochen für die Kinder? Sprich doch mal mit den Frauen. Da ergibt sich sicher etwas.

Und morgen schaust du mit frischem Mut, was wirklich wichtig ist und was du vielleicht nur ‚zusätzlich‘ machen wolltest. Aus Perfektionismus.

Gerade bei Frauen sehe ich das ganz oft. Wir behindern uns mit Perfektionismus selber. Es ist eine Methode, wie unser innerer Wächter uns vor dem Abenteuer des Neuen beschützen möchte.

Wir möchten alles zu 110 % haben. Statt endlich die Webseite online zu stellen, basteln wir dann an den Bildern herum oder am Abstand zwischen zwei Absätzen. Wir finden die ‚richtige‘ Farbe nicht, die Schrift passt plötzlich auch nicht mehr und überhaupt, die Fenster im Büro gehören auch wieder mal geputzt.

Damit hat uns der innere Wächter prima ausgeschaltet.

Es gilt, seine Methoden zu erkennen und sie liebevoll anzunehmen.

Der innere Wächter ist ein Teil in uns, der uns vor Gefahr beschützen möchte. Ich persönlich sage immer, dass ich nicht Sklave meiner Teile bin. Damit bemerke und betrachte ich das Treiben meines Wächters zwar liebevoll, ändere aber nichts an meinem Plan.

Nimm dir also den Tag frei, gehe spazieren, schwimmen, entspanne richtig. Dabei ordnen sich die Dinge auf wunderbare Weise und du wirst klar.

Du nimmst eine andere Perspektive ein. Siehst die Dinge mit größerem Abstand. Wenn du nicht direkt mit der Nase auf dem Problem hockst, erkennst du plötzlich die Lösung, die im Problem selber schon liegt.

Frage dich immer wieder:

Was genau brauche ich, damit mein Eröffnungstag stattfinden kann?

- Halte dich an den Plan, den du zu Beginn aufgestellt hast.
- Hake ab, was du geschafft hast.
- Bleiben dir generell „To-dos" übrig, ändere deinen Plan und teile dir noch weniger Arbeiten pro Tag ein.
- Wichtig ist nur, dass du regelmäßig etwas tust.
- Tag für Tag. Woche für Woche. Monat für Monat. Jahr für Jahr.

Dann kommt der Erfolg garantiert.

Setze ein Zeitpensum fest, das du wöchentlich für deine Selbstständigkeit aufwenden möchtest, und halte diese Vorgabe ein. Hast du Kinder, einen Job oder andere Verpflichtungen – nimm dir von Anfang an lieber weniger Zeit – die aber regelmäßig.

Ich zum Beispiel hatte zu Beginn neben den Kindern nur zehn Stunden pro Woche Zeit, doch das Zeitpensum ist mit meinen Kindern gewachsen. In dem Maße, wie sie mich nicht mehr brauchten, konnte ich mehr Zeit für mein Business einsetzen.

An dieser Stelle passt das Sprichwort ganz wunderbar:

Steter Tropfen höhlt den Stein.

Umgang mit der Zeit

Nach dem Gespräch ist Petra wieder zuversichtlich. Sie weiß jetzt, dass in der Selbstständigkeit immer wieder mal Schwierigkeiten aufpoppen, je nachdem, welcher Glaubenssatz gerade „aktiv“ wird.

„Wenn du dich selbstständig machst, hast du ein Selbsterfahrungsseminar gebucht, für das du im besten Fall bezahlt wirst“, hat Eva schon beim ersten Gespräch gesagt. Und dass auch sie immer wieder von solchen Verhinderern „überfallen“ wird.

„Wir haben unsere Glaubenssätze von früher. Dann bearbeiten wir diese und lösen das anstehende Problem. Dann kommt die nächste Lerneinheit in Form des nächsten Problems. So geht es immer fort – wie in einer Spirale.

Nach einiger Zeit kommen dieselben Dinge wieder, nur in anderer Gestalt.

Als Test vielleicht.

Du kümmerst dich wieder darum, immer wieder. Und eines Tages erinnerst du dich, dass du dieses spezielle Problem doch schon mal hattest – und auch, wie du es damals löstest.

Und genau da tritt ein besonderer Zustand ein.

Du erkennst jedes Mal die Anzeichen eines Problems früher und kannst derart gegensteuern. So dass dich das Problem selber vielleicht nicht mehr mit voller Kante trifft, sondern nur mehr der Ausläufer.

So tastest du dich voran auf deinem Lebensweg.

Und Zeit ist sehr relativ. Mal vergeht sie rasch, mal langsam. Bist du im Flow, vergeht sie völlig unbemerkt. Hast du scheinbar keine Zeit, passieren dir immer mehr Dinge, die dich noch mehr ‚Zeit kosten'.

Je nachdem, wann du dieses Phänomen erkennst, können dich diese Dinge Wochen kosten.

Bei mir war das damals total arg. Ich hetzte dahin, verbrannte mich in der Küche immer öfter. Ich erkannte aber das Zeichen nicht.

Meine Tochter brachte aus der Schule Läuse mit, ich musste einen ganzen Nachmittag damit verbringen, ihre sehr langen Haare zu kämmen. Eigentlich eine sehr meditative Arbeit, die ich aber leider nicht als Zeichen erkannte.
Da ich zuvor noch nie mit Läusen zu tun gehabt hatte, hatte ich das falsche Mittel verwendet – am nächsten Tag winkte mir zu Mittag fröhlich eine Überlebende entgegen. Mich traf der Umschlag.

Ich packte mein Kind und wir fuhren zur städtischen Entlausungsstation. Da mussten Fachleute her, die mir zeigten, welches Mittel ich nehmen und worauf ich achten sollte.

Das Leben zwang mich, einen völlig anderen Fokus einzunehmen. Ich musste mein Business für einen weiteren Nachmittag verlassen, damit ich den Kopf meiner Tochter ‚frei' bekam.

Als ich am nächsten Tag wieder auf meinen Kalender schaute, hatten sich die Dinge relativiert. Ich strich einiges überhaupt weg und veränderte mein Tagespensum dauerhaft.

Und seitdem nehme ich ‚mir selber' frei – da habe ich mehr davon."

Was Petra aus dieser Geschichte lernt

Petra erkennt durch diese Geschichte, dass sie im Leben auf Zeichen achten darf. Wenn sie lernt, Zeichen zu lesen, wird sie nicht mehr so heftig in Bedrängnis kommen.

Sie erkennt, dass man im Stresszustand keine Lösung wahrnimmt – auch wenn sie direkt auf der Hand liegt. Da hat sie doch das Netzwerk der Nachbarinnen völlig vergessen!

Sie nimmt wahr, dass Abstand ein Heilmittel für so vieles ist. Dann da nimmt man die Lösungen wahr, die jedes Problem mit sich bringt.

Daher notiert sie sich in ihrem Tagebuch:

Wenn ich keine Zeit mehr habe, darf ich mir welche nehmen.

Ein paar freie Stunden sind tatsächlich schnell organisiert.

Da sie heute sowieso vom Job freihat, muss sie nur die Kinderbetreuung abklären. Sie ruft ihre Nachbarin an und tatsächlich hat diese Zeit und freut sich sogar, denn: „... deine beiden spielen so schön mit meiner Sofie, da habe ich Zeit, mal eine Zeitschrift zu lesen ...“

Sie geht in den Wald joggen, kauft am Weg ausnahmsweise ein paar Döner fürs Abendessen und nimmt danach ein Entspannungsbad. Dabei kommt sie sich sehr dekadent vor. „Um drei Uhr Nachmittag badet man doch nicht!“, nörgelt irgendwo ein Teil von ihr vor sich hin. Aber den nimmt sie nur liebevoll wahr und badet genüsslich weiter.

Am nächsten Tag überarbeitet sie ihre Pläne komplett, ordnet die To-dos neu und siehe da – sie hinkt gar nicht so stark hinter dem Plansoll her, wie sie befürchtet hat.
Der Eröffnungstermin ist gerettet!

Wenn die Zeit zu knapp und die Aufgaben zu viel werden

Claudia Kauscheder – abenteuerhomeoffice.at

Zu Beginn deiner Selbstständigkeit bist du sicher froh über jede Idee, die du hast, um dein Business voranzutreiben. Und auch über jede Anfrage, dich vorzustellen oder in Projekte einzubringen.

Aber es wird der Tag kommen, an dem du dir deine To-do-Liste anschaust und denkst: „*Das wird mir jetzt zu viel.*“

Das ist der späteste Zeitpunkt, an dem du beginnen solltest, deine Projekte zu planen. Und vor allem zu entscheiden, wann du "Ja" und wann du "Nein" zu einer Anfrage sagst.

Um zu entscheiden, auf welches Projekt du dich zuerst konzentrieren solltest, visualisierst du deine Projekte in einer Entscheidungs-Matrix **(Die findest du in deiner Arbeitsmappe im Download).**

Damit triffst du auch schneller Entscheidungen, welche Projekte du überhaupt nicht annimmst. Ja, auch das muss sein, um sich nicht zu verzetteln.

Die einzelnen Spalten der Matrix erkläre ich im beigefügten Arbeitsblatt – jetzt möchte ich dir noch ein paar Planungsprinzipien an die Hand geben, die dir *nach* deiner Entscheidung helfen, am Projekt dranzubleiben!

1. Überplanung macht unflexibel

Immer wieder erlebe ich es bei meinen Kunden, dass sie sich voller Begeisterung in die Planung stürzen – und zwar ohne

Wenn und Aber. Sofort und für ein ganzes Jahr. Meistens planen sie dabei auch Dinge, die sie vorher noch nie gemacht haben. Oder es werden 100 Kleinigkeiten in den Plan mit eingearbeitet.

Klassiker sind z. B.:

- Für das komplette Jahr Sporttermine einzutragen.
- Alle Aufgaben im Haushalt minutiös aufzudröseln und in den Kalender zu schreiben.
- Die Woche bereits so detailliert zu planen, dass jede Minute verplant ist.

Das funktioniert nur leider *so* nicht.

Warum?
Wenn sich auch nur eine Kleinigkeit ändert, kannst du alles über den Haufen werfen und von vorne anfangen. Beispielsweise bemerkst du, dass Joggen im Winter doch nicht so prickelnd ist, du hast es aber eingetragen ... Ich denke, du weißt, was ich meine.

Daher: Plane grob und großzügig, dann bleibst du flexibel!

2. Plane nur, wenn es dir gut geht

Es hat keinen Sinn, wenn du dich erschöpft von einem langen Arbeitstag, mit triefender Nase oder besorgt, weil dein Kind oder Haustier krank ist, an deine Planung setzt.

Denn das könnte passieren, wenn du nicht fit bist:

- Du siehst die Welt vielleicht allzu rosig und planst an der Realität vorbei.
- Du siehst die Welt zu grau, weil gerade etwas schiefgegangen ist.

3. Planen heißt immer auch entscheiden!

- Was tust du?
- Was lässt du?

- Was ist wichtig?
- Was ist dringend?
- Was ist der nächste Schritt?

Wenn du gerade deine Umsatzentwicklung mit Schauern gesehen hast und Panik ausbricht – fange jetzt nicht an zu planen!

4. Planen beginnt immer mit dem Sammeln von Informationen

Um eine Entscheidung treffen zu können, wann, wie und was du tun wirst, musst du zuerst Informationen sammeln.

Das gilt natürlich besonders für Projekte.

Aber auch bei deiner Tagesplanung solltest du zuerst die Aufgaben sammeln, von denen du weißt, dass sie erledigt werden sollen.

Das Priorisieren und Ausmisten kommt danach.

5. Plane von außen nach innen

Besonders bei der Planung von Projekten oder längeren Zeiträumen, wie dem nächsten Jahr oder Monat, ist es wichtig, von einer Grobplanung immer weiter ins Detail zu gehen.

Ich vergleiche das gerne mit einem Puzzle. Meistens sammelst du zuerst die Randstücke und baust den Rahmen auf, und dann arbeitest du dich in die Mitte des Bildes vor.

6. Plane rückwärts

Auch dieses Prinzip ist besonders für die Projektplanung wichtig. Durch das Rückwärtsplanen, also vom Endtermin aus zurück in die Gegenwart, merkst du sehr schnell, ob du genügend Zeit eingeplant hast.

7. Trenne Denken vom Tun

Diese beiden Dinge sind völlig unterschiedlich. Während du denkst, arbeitest du mit völlig anderen Gehirnregionen, als wenn du etwas operativ umsetzt. Daher ist es wichtig, nicht ständig zwischen diesen beiden Tätigkeiten hin und her zu wechseln.

Das bedeutet z.B. für deine Tagesplanung, dass du jede Menge Zeit sparst, wenn du dir in der Früh nur 10 Minuten Gedanken darüber machst, wie dein Tag aussehen soll. Dasselbe gilt natürlich für jeden Zeitabschnitt und für jedes Projekt.

8. Trenne Aufgaben von Terminen

In deinen Kalender gehören ausschließlich Termine eingetragen! Allerdings weiß ich aus Erfahrung, dass es sehr verlockend ist, hier auch Aufgaben einzutragen.

Wenn diese Aufgaben allerdings keinen fixen Erledigungstermin haben, dann gehören sie einfach nicht in deinen Kalender!

Damit würdest du dich einerseits sehr unflexibel machen, andererseits besteht die Gefahr, dass dein Kalender fürchterlich voll aussieht, du demotiviert bist und ständig umplanen musst.

9. Plane Unvorhergesehenes ein

Nicht lachen, das funktioniert!

Wenn du bemerkst, dass du ständig etwas anderes tust, als du geplant hast, dann bedeutet das, dass du auch das Unvorhergesehene einplanen musst.

Beobachte dafür eine ganze Woche lang, was dieses Unvorhergesehene ist. Und dann lass es in den Plan der nächsten Woche einfließen.

Wenn du das ein paar Wochen lang machst, wirst du sehen, dass nicht mehr viel Unvorhergesehenes deine Pläne durchkreuzt.

10. Ohne Planung kein oder weniger Tun

Das ist das Fazit aus diesen Prinzipien.

Was passiert, wenn du ohne Planung in den Tag oder vielleicht sogar in dein Jahr startest? Du wirst ständig zwischen Denken und Tun wechseln. Und das kostet sehr viel Zeit und natürlich auch Motivation.

Außerdem kann es ohne Planung passieren, dass du einfach auf wichtige Dinge vergisst oder zu spät dran bist. Dann versuchst du natürlich, schnell und kurzfristig alles in die letzte Minute zu pressen. Doch das ist genau der Zustand, den wir nicht wollen.

Nun bist du dafür gerüstet, dir deine offenen Projekte oder auch Anfragen anzuschauen, um deine Entscheidungen zu treffen.

- Drucke dir das Arbeitsblatt aus.
- Lade dir die Entscheidungs-Matrix herunter (oder drucke sie aus).
- Sammle deine offenen Projekte in der Matrix.
- Bewerte sie nach den 6 beschriebenen Kriterien.
- Triff Entscheidungen!
- Lege den nächsten Schritt fest.
- Und lege los!

Viel Erfolg damit!
Claudia Kauscheder
abenteuerhomeoffice.at

Mit Netzwerken kannst du nie früh genug beginnen

In den Unterlagen, die Petra von ihrer Mentorin bekommen hat, findet sie auch eine Literaturliste. Interessiert klickt sie durch die empfohlenen Bücher. Eines der Bücher, das sie bestellt, ist das Buch von Petra Polk: „Like. So netzwerken Sie sich an die Spitze"

Wow, was ihre Namensvetterin alles erlebt hat und wie zielgerichtet sie vorangeschritten ist! Petra will unbedingt mit Petra Polk Kontakt aufnehmen. Sie will im W.I.N Women in Network® mit dabei sein und dort fragen, ob jemand von freien Praxisräumlichkeiten weiß.

Erst hat Petra Bedenken, dass so eine „große Frau" vielleicht nicht antworten wird. Als sie ihre Befürchtung mit Eva bespricht, nickt diese: „Das kenne ich. Wir alle – und besonders wir Frauen – haben diese Angst, dass wir nicht genügen würden. Das ist auch so etwas, das wir über die Jahre bearbeiten dürfen, da es uns hindert, groß zu werden. Ich hatte das am Anfang meiner Selbstständigkeit auch.

Vielleicht hilft es dir, wenn du dir vor Augen hältst, dass JEDER Mensch irgendetwas gut kann, worin der andere nicht so gut ist. Das ist super, denn so ergänzen wir einander.

Petra Polk kann super netzwerken, aber du kannst besser deine Therapie. Sie ist daher nicht überall ‚größer' also du. Hab also keine Angst, kontaktiere Petra Polk – sie ist ein Mensch wie du. ;-) Außerdem ist sie ja Netzwerkerin und lebt, was sie lehrt."
Gesagt, getan – Petra Polk ist leicht über viele soziale Netzwerke zu finden und sie lädt Petra zum nächsten W.I.N Women in Network®-Treffen ein, wo sie ihr noch mehr über das Netzwerken erzählt.

So baust du das Fundament deines Netzwerkerfolges

Petra Polk – www.petrapolk.com

Du kannst nicht nach außen kommunizieren, was du innen nicht klar hast. Stell dir vor, du baust ein Haus. Da kommt zuerst das Fundament. Ist dieses nicht stabil, wird das Haus zusammenfallen. So ist es auch beim Netzwerken.

Ein wichtiger Erfolgspunkt für deine Netzwerkaktivitäten ist deine eigene Klarheit.

Du solltest wissen,

- wer du bist,
- was du anbietest und
- mit wem du arbeiten möchtest.

Ehe du also mit deinen Netzwerkaktivitäten startest, ist es wichtig, das Fundament deines Unternehmens zu bauen, indem du Klarheit gewinnst.

Wenn du weißt, wer du bist und mit wem du arbeiten möchtest, kannst du es deinem Netzwerk kommunizieren. Und wir können dich weiterempfehlen.

Wenn du dein Fundament gelegt hast, empfehle ich dir, mit dem Netzwerken so richtig durchzustarten.

Empfehlungen sind genial, du wirst sie lieben!

Doch wie überall, darfst du vorab investieren. In diesem Fall

Zeit und Geld. Doch ich kann dir aus vielen Jahren eigener Netzwerkaktivitäten sagen: Es lohnt sich! Du wirst nach ein paar Jahren an mich denken und feststellen: „Ja, Petra hatte recht.“

Deine Aktivitäten werden sich nicht immer sofort in barer Münze auszahlen, doch langfristig wirst du davon profitieren.

Netzwerken wird in Zukunft immer wichtiger

Internet und Digitalisierung haben in den letzten Jahren dazu geführt, dass es von allem ein Überangebot gibt. Das Internet hat keine Grenzen, wir können weltweit kommunizieren. Es sorgt für einen permanenten Überfluss an Angeboten.

Wir selbst haben kaum Zeit und Lust, aus dieser Vielzahl zu selektieren. Aus diesem Grund verlassen wir uns immer mehr auf Empfehlungen.

Sorge also für ein funktionierendes Netzwerk, damit auch du Menschen kennenlernst und anderen empfehlen kannst. So gelangst du in einen wunderbaren Empfehlungskreislauf.

Checkliste für deinen Einstieg ins Netzwerken

- Mach dir dein bestehendes Netzwerk (alle Kontakte, die du hast) bewusst: Jeder deiner Kontakte ist ein potenzieller Empfehlungsgeber für dich.
- Erweitere täglich dein Netzwerk. Sowohl persönlich als auch virtuell.
- Pflege dein bestehendes Netzwerk, denn: einmal Empfehlungsgeber, immer Empfehlungsgeber. Hier sind deine echten Fans.
- Informiere dein bestehendes Netzwerk darüber, wer du bist, was du machst, wer dein Wunschkunde ist und welche Empfehlungen du brauchst.

- Ich empfehle dir, dein persönliches und dein virtuelles Netzwerk zu verknüpfen. Wie geht das optimal? Mach deine persönlichen Kontakte zu virtuellen. Virtuell kannst du wunderbar mit ihnen in Kontakt bleiben, und ihr verliert euch nicht aus den Augen. Und mach deine virtuellen Kontakte zu persönlichen. Denn persönlich ist immer noch persönlich.
- Netzwerken bedeutet, Menschen miteinander zu verbinden, Beziehungen aufzubauen und selbst Empfehlungen auszusprechen. Nur wenn du selbst Empfehlungen aussprichst, wirst auch du welche bekommen.
- Sei offen für neue Kontakte. Ich nenne es auch wertungsfreie Vernetzung. Was das heißt? Frage dich bei der Vernetzung nicht: „Brauch ich oder brauch ich nicht?" Denn du weißt nie, wer wen kennt, was *du* oder dein Netzwerk morgen brauchen.
- Prüfe dein Mindset! Um Erfolg zu haben, ist die richtige Einstellung wesentlich: Netzwerken sollte immer ohne direkte Erwartungshaltung sein. Es geht nicht um „gibst du mir – gebe ich dir". Netzwerken funktioniert selten geradlinig und ist für Egoisten nicht geeignet.
- Zeige Präsenz, damit dein Netzwerk dich immer präsent hat. Präsenz ist mein ganz persönlicher Erfolgsschlüssel. Stell dir einfach vor, du läufst immer wieder über den roten Teppich wie die Stars, bis alle wissen, wer du bist. Wenn du das geschafft hast, wird es dir nie wieder an Empfehlungen mangeln.
- Wie du das richtige Netzwerk findest? Da muss ich dich enttäuschen. Es geht nicht um „das Netzwerk", vielmehr geht es um *dein ganz persönliches Netzwerk*. Natürlich kannst du einer oder mehrerer Netzwerkorganisation beitreten, doch auch dort wird Netzwerken für dich nur funktionieren, wenn du die oben genannten Punkte lebst. Netzwerken kannst du nicht *gehen* oder *machen*, Netzwerken *lebst* du am besten täglich in deinem Business- und Privatalltag. Wie kannst du herausfinden, welche Netzwerkorganisation zu dir passt?
- Schau, ob dir das Konzept gefällt und das Netzwerk zu deinen ganz persönlichen Zielen passt.

- Im Netzwerk müssen nicht unbedingt deine Wunschkunden sein, denn es geht ja um Weiterempfehlung. Prüfe, ob die Menschen dieses Netzwerkes zu deinen Werten und Zielen passen.
- Lass dein Bauchgefühl sprechen, ob du Lust hast, dich in diese Community einzubringen.
- Ansonsten kann ich aus Erfahrung nur sagen: *Mach* es einfach, denn „es nur einmal auszuprobieren“ funktioniert nicht! Generell hängt es mehr von dir ab als vom Netzwerk, ob es dir Erfolg, Empfehlungen und Spaß bringt.
- Denn jeder wird aus einer Community nur ernten, was er einbringt.

Was können die ersten Schritte sein, wenn du dich für eine Community entschieden hast?

- Erzähl allen, wer du bist, was du vom Netzwerk erwartest und was du gern einbringen möchtest.
- Zeige Präsenz und glänze nicht mit Abwesenheit. Denn nur wenn dich das Netzwerk kennt, kann es etwas für dich tun.
- Knüpfe persönliche Kontakte und nimm dir Zeit, die Netzwerker-Innen in persönlichen Gesprächen näher kennenzulernen.
- Sei großzügig mit dem Aussprechen von Empfehlungen, nur so werden dich andere weiterempfehlen.

Nutze virtuelles Netzwerken als Sahnehäubchen für deinen Erfolg

Wenn ich von Netzwerken spreche, meine ich immer persönliches und virtuelles Netzwerk. Ich empfehle dir, beides optimal zu verknüpfen und strategisch für deinen Businesserfolg einzusetzen.
Für mich ist virtuelles Netzwerken das Sahnehäubchen auf der „heißen Schokolade“. Sieh es auch du als zusätzliche Chance. So erfahren Menschen von dir, die du sonst nie persönlich treffen würdest.

Wenn du es strategisch und professionell machst, wirst du es schaffen, mit deinem Social-Media-Marketing deine Wunschkunden mit einigen Mausklicks magisch anzuziehen.

Zusätzlich zu den oben genannten gebe ich dir hier noch meine 8 wichtigsten Tipps, wie du virtuell dein Netzwerk aufbaust:

1. Bleibe authentisch und lass die Menschen an deinem Businessalltag virtuell teilhaben.
2. Höre zu, lies zwischen den Zeilen und mische dich in Gespräche ein, die zu dir passen.
3. Teile, kommentiere und empfehle andere NetzwerkerInnen.
4. Zeige Präsenz und habe keine Angst mit zu vielen Beiträgen zu nerven.
5. Gestalte deine Profile professionell und aussagekräftig. Sie sind deine virtuelle Visitenkarte.
6. Bekanntlich gibt es für den ersten Eindruck keine zweite Chance.
7. Geh nicht davon aus, dass jeder, der dich buchen möchte, dich auch persönlich kennen muss!
8. Wähle nur virtuelle Plattformen aus, die dich ansprechen. Wenn du keinen Spaß im jeweiligen Social-Media-Netzwerk hast, wirst du auch mit der besten Strategie keinen Erfolg haben.
9. Betrachte Social Media nicht als Einbahnstraße oder Werbekanal. Social-Media-Marketing ist Kommunikation mit deinen Wunschkunden.

Zusammenfassung

Frage dich immer: Bringt dich die jeweilige Aktion deinen ganz persönlichen oder unternehmerischen Zielen näher? Es geht nicht darum, was *du*, sondern was *dein Unternehmen* gerade braucht! Ich selber liebe Netzwerken, ziehe heute meine Lieblingskunden magisch an und bin glückliche und erfolgreiche Unternehmerin.

Und übrigens:

Networking hört nie auf, denn deine neuen Kontakte von heute sind dein Business von morgen.

Ich wünsche dir, dass auch du mit deinen Netzwerkaktivitäten deine Wunschkunden magisch anziehst. Dass du deine persönlichen und unternehmerischen Ziele erreichst und dass dich Netzwerken dabei ganz besonders unterstützt.

Schreibe mir jetzt oder in ein paar Jahren über deine Erfolge! Netzwerken lohnt sich. Es soll dir genau so viel Freude bereiten wie mir.

Wenn ich dich auf deinem Erfolgsweg unterstützen darf, bin ich nur einen Anruf, eine Message oder einen Social-Media-Kontakt von dir entfernt.

Mein Netzwerk findest du hier:
www.win-women-in-network.com
Deine
Petra Polk

Das erledige ich gleich heute noch:

....

....

....

....

....

....

Wie Petra das Verkaufen lernt

Ein wichtiger Punkt ist für Petra auch das „Verkaufen lernen". Sie darf nun ihre Idee von der Praxisgemeinschaft an mögliche Partnerinnen „verkaufen". Doch in ihrer Stärken-Liste kommt Verkaufen ziemlich weit unten. Sie weiß, dass es ohne Verkaufen aber nicht geht mit der Selbstständigkeit.

Von ihrer Mentorin Eva bekommt Petra Christina Bodendiecks Kontakt: „Verkaufen bedeutet nicht, dass du aufdringlich bist und Menschen etwas ‚andrehst', was sie gar nicht möchten! Verkaufen bedeutet, Chancen und Lösungen zu bringen. Du bist mit deinem Angebot genau dort, wo es erwartet und gebraucht wird.

Natürlich sagen nie alle ‚Ja', wenn du ihnen deine Therapie vorstellst, aber sie werden sich deine Therapie als Möglichkeit merken, falls sie sie einmal brauchen oder jemand anderer, den sie kennen.

Ich empfehle dir, dich mit Christina auszutauschen, denn damit wirst du dir ein starkes Mindset in Sachen Verkauf erarbeiten. Da ich selber viele Jahre in der Kaltakquise war, weiß ich, dass Christina einen tollen Job macht!"

So kontaktiert Petra Christina, die ihr die folgenden 5 Tipps gibt.

5 Tipps, die dich für dein Verkaufsgespräch starkmachen

Christina Bodendieck – www.akquise-plus.de

Vor kurzem sagte eine Kundin zu mir: „Ich schätze meine Selbstständigkeit wirklich sehr, wenn da nur der leidige Verkauf nicht wäre!"

Das höre ich ziemlich häufig von meinen Kunden. Die meisten wünschen sich eine Abkürzung, die Kunden sollen am besten von allein kommen, dann noch ein bisschen beraten und fertig.

Doch gute Leistung und/oder ein tolles Produkt reichen heutzutage nicht mehr aus. Um ein ausreichendes Einkommen zu erzeugen, dürfen wir den Prozess des Verkaufens aktiv gestalten.

Natürlich kann ein gut geführtes Beratungsgespräch zum Auftrag führen, nur ist das eher die Ausnahme als die Regel. Für einen regelmäßigen Verkaufserfolg ist es viel wirkungsvoller, wenn du deine eigene Verkaufsstrategie hast. Mit dieser startest du sicher und kommst erfolgreich zum Abschluss.

Die Ablehnung des Verkaufsthemas hat häufig mit Ängsten zu tun.

Hier einige Aussagen meiner Kunden:

- Ich will nicht aufdringlich sein.
- Ich fühle mich unsicher, weil ich nicht weiß, wie ich ins Gespräch einsteigen soll.

- Ich weiß nicht, wie ich herausfinde, was mein Kunde braucht.
- Ich will meinen Kunden nicht auf die Nerven gehen.
- Ich weiß nicht, wie ich mein Produkt präsentieren soll.

Kennst du diese oder ähnliche Aussagen?

Vielleicht fragst du dich ja auch, wie du solche Gedanken wieder loswirst.

Hier findest du 5 Tipps zur Stärkung deiner inneren Haltung in Verkaufsgesprächen.

1. Mach dich mit deinem Kunden vertraut

Je besser du dich mit deinem Kunden vertraut machst und je mehr Anknüpfungspunkte du recherchierst, desto leichter fällt der Gesprächseinstieg. Außerdem ist dein Kunde dann nicht mehr das „fremde, unbekannte Wesen“, sondern ein Mensch wie du und ich. Dem du etwas anbietest, auf Augenhöhe und mit aller Wertschätzung.

2. Kenne die Vorzüge deines Produktes

Nimm dir einen Moment Zeit und überlege dir, was sich für deinen Kunden durch die Zusammenarbeit mit dir verändert. Wie er von deinem Produkt profitiert. Mit dieser Betrachtungsweise verlässt du die Rolle des Bittstellers und wirst zum Lösungsanbieter.

3. Betrachte dein Verhalten im Kundenkontakt

Wie gehst du mit deinem Kunden um? Wie verhältst du dich im Kundenkontakt? Nimm dir einen Moment Zeit und lasse dein letztes Kundengespräch Revue passieren. Was ist dir besonders aufgefallen? Wie wertschätzend und empathisch hörst du deinem Kunden zu, gehst auf seine Wünsche ein und unterstützt ihn, die für sich beste Lösung zu finden?

4. Zeige deinem Kunden, dass du verstanden hast!

Für deinen Kunden ist es am wichtigsten, dass du verstanden hast, wo ihn der Schuh drückt. Mit meiner Fragetechnik gelingt das leichter. Die Anleitung, die du dir dazu herunterladen kannst, findest du in deiner Arbeitsmappe: **Infografik – Fragetechnik für erfolgreiche Verkaufsgespräche**

Nimm es nicht persönlich!

Die Angst vor dem „Nein" des Kunden ist oft die größte Hürde, ein Verkaufsgespräch überhaupt zu beginnen. Mach dir bewusst, dass es nicht persönlich gemeint ist, wenn dein Kunde sich nicht für dein Produkt oder deine Dienstleistung entscheidet. Er sagt nicht zu dir als Mensch „Nein", sondern nur im Moment zu dem Angebot, das du ihm gemacht hast.

Es ist nichts verloren!

Du kannst mit ein, zwei Fragen herausfinden, was hinter der Ablehnung steckt, und schon bist du wieder im Gespräch. Angenommen dein Kunde sagt, dass er im Moment kein ausreichendes Budget hat, dann kannst du ihn fragen, worauf sich das bezieht. Sprechen wir hier von den nächsten vier Wochen oder von den nächsten drei Monaten? Du kannst ihn auch fragen, wann wieder Veränderungen geplant sind. Auf diese Art und Weise kommst du wieder in Gespräch.

Praxistipp:

Lerne deinen Kunden kennen, bevor du in dein Verkaufsgespräch startest. Überlege dir, was ihn beschäftigt und wo er seine Herausforderungen hat.

Dadurch bereitest du dich einerseits gut vor und findest wertvolle Anknüpfungspunkte für dein Gespräch und andererseits lernst du deinen Gesprächspartner besser kennen und er wird dir vertrauter. Wenn du dann dein Augenmerk auch noch darauf legst, wie der durch die Zusammenarbeit mit dir profitiert, stärkst du deine Grundhaltung zum Verkauf.

Wenn du hier Unterstützung brauchst, buche Christina persönlich.

Diesen Tipp setze ich unbedingt um:

....

....

....

....

....

....

....

....

....

....

....

Petra und das liebe Geld

In den vergangenen Tagen hat sich Petra intensiv mit dem Thema Umsatz auseinandergesetzt. Heute hat sie ihren nächsten Termin mit ihrer Mentorin Eva.

Wie schon beim Termin „Planen" besprochen, hängt mit dem Umsatz einiges an Überlegung zusammen.

„Die meisten Jungunternehmerinnen gehen von sich selber aus – und entscheiden für den Kunden, was ihm ihre eigene Dienstleistung wert ist.

In den ersten Jahren kann das Selbstbewusstsein bezüglich der eigenen Arbeit noch gering sein, oder aber unser Mindset über Geld passt generell noch nicht zur Selbstständigkeit. Jedenfalls verlangen sehr viele neue Selbstständige viel zu wenig Geld für ihre Arbeit.

Derart machen sie kaum Umsatz, können sich nichts leisten und bald sind sie im selben Hamsterrad drinnen wie als Angestellte. Nur mit größerer Existenzangst.

Da ist es wichtig, sich genau mit den Finanzen auseinanderzusetzen und nicht den Kopf in den Sand zu stecken."

Wie du grob den Preis deiner Dienstleistung planst

Auch bei den Finanzen darfst du in einem größeren Zeitraum planen. Meist beschäftigen sich die Businesspläne genau und in allen Einzelheiten damit. Für die erste Planung gibt es eine relativ einfache Anleitung.

ACHTUNG: Es ist eine grobe Planung (für Österreich), die du immer wieder nachjustieren darfst. Und nur für das erste Geschäftsjahr. Schon im zweiten darfst du (für Österreich) die Sozialversicherung anpassen.

Notiere dir *alle* privaten Ausgaben. Verschaffe dir hier einen genauen Überblick. Im Zuge dessen schadet es nicht, gleich aufzuräumen und Abos etc. zu kündigen, die du nicht mehr brauchst. Da liegt Geld gebunden. Zu den „privaten“ Ausgaben zählt auch dein „Taschengeld“ – also das, was du selber für dich brauchst. (A)

Multipliziere diesen Betrag mit 12. Damit kannst du in etwa deine Einkommenssteuer berechnen. Die genauen Prozente erfährst du bei deinem Finanzamt, die sind in jedem Land unterschiedlich. (B)

Als nächstes notierst du dir alle regelmäßigen betrieblichen Ausgaben und fügst einen Polster für Zahlungen dazu, die du nicht einkalkuliert hast. Hier kommt auch die Sozialversicherung dazu. (C)

Nun hast du genau den Betrag, den du jeden Monat brauchst.

Überlege, wie viele Wochen du auf Urlaub gehen möchtest. Meist sind es vier. Rechnest du auch eventuelle Krankzeiten für dich und deine Kids ein oder Ausbildungswochen – sind es vielleicht sechs Wochen oder gar zwei Monate.

Addiere nun A + C und multipliziere das Ergebnis mit 12.
Addiere B dazu.

Nun errechnest du dir, wie viele Stunden in der Woche du generell arbeiten und wie viele davon du direkt am Kunden arbeiten möchtest.

Beachte, dass auch Stunden für Büroarbeit, Werbetätigkeiten, Kooperationstreffen etc. pro Woche anfallen, die keinen direkten Umsatz bringen. Also übernimm dich nicht.

Wenn du also ca. 10 Stunden in der Woche direkt am Kunden arbeitest und du 6.000 € pro Monat brauchst (und das ist wenig) – darfst du 11 x 6.500 € einnehmen.

Für die Jahressumme von 72.000 € und 48 Wochen sind das 150 € pro Stunde. Auch das ist nur eine ungenaue

Schätzung, denn da gibt es Wochen, wo Feiertage sind …

Planung deiner Finanzen

Petra bekommt auch diesmal eine Hausübung. Sie darf sich genau mit ihren Finanzen auseinandersetzen. Ihr ist ein bisschen schummerig. Denn sie hat verstanden, dass ihr angedachter Stundenpreis von 60 € nie und nimmer passt.

Und sie hat nun auch den Zusammenhang verstanden, warum sie groß planen darf. Denn schon bald würde sie an ihrer körperlichen Leistungsgrenze ankommen, wodurch auch der Umsatz stagnieren würde. Daher braucht sie ein Konzept, wie sie ihre Arbeitskraft multiplizieren kann. Oder die Fixkosten durch Mieteinnahmen aus der Praxisgemeinschaft reduziert.

Zum Abschluss gibt Eva Petra heute noch Buchtipps:

- „**Profit First**" von Mike Michalowicz, von Benita Königbauer auf Deutsch übersetzt, und das Buch
- „**Buchführung im Flow**" (beide Bücher siehe Anhang), das Benita selber geschrieben hat.

Beide Bücher werden sie ein großes Stück sicherer in ihrer Selbstständigkeit machen.

Dazu fällt mir gleich ein:

……………………………………………………………………………

……………………………………………………………………………

……………………………………………………………………………

……………………………………………………………………………

Steuern und Finanzen

Benita Königbauer – www.profit-first.de

Ich habe die Ehre und das Vergnügen, dir hier den „Selbstständigkeits-Killer Nummer eins“ zu präsentieren: deine Steuern und Finanzen.

„Killer“ nicht etwa, weil es so unglaublich schwierig wäre, denn das ist es eigentlich nicht.

Sondern, weil wir meistens mit so einem Widerwillen gegen diese Aspekte unseres Unternehmens eingenommen sind, dass wir sie so lange stiefmütterlich behandeln, bis es so richtig „donnert im Gebälk“.

Dabei könnte alles so viel schöner sein!

Wenn du dich selbstständig machst und dein Herzensbusiness in die Welt bringst, erklärst du damit automatisch (und ein bisschen unfreiwillig) auch deinen Opt-in für das Thema Steuern und Finanzen.

Viele Selbstständige fühlen sich mit diesem Teil ihres Business gar nicht so recht glücklich und verbunden.

Doch das wäre gar nicht nötig, denn wenn man die Sache systematisch angeht und mit Neugier die wenigen Schritte lernt, die dazu nötig sind, kann es sogar fast ein bisschen Spaß machen.
Manchmal sogar ganz viel.

Also lass dich nicht abschrecken von den Horrorgeschichten, die man dir erzählt hat oder die du dir vielleicht in deinem Hinterkopf zusammenreimst, sondern nähere dich der Sache mal ganz unschuldig, wie ein Kind einem Regenwurm. Da weiß man auch nicht gleich, wo vorne und hinten ist, doch wenn wir genau hinsehen, finden wir es schnell heraus.

Kleinunternehmer oder Umsatzsteuerpflicht? Das ist die Frage.

Ganz oft werde ich gefragt, ob es sinnvoll ist, mit der Umsatzsteuer erst einmal als „Kleinunternehmer“ zu starten. Kleinunternehmer müssen keine Umsatzsteuer an ihre Kunden berechnen, keine Umsatzsteuervoranmeldungen abgeben, dürfen sich aber im Gegenzug auch keine Vorsteuern (also die Umsatzsteuer, die sie von ihren Lieferanten berechnet bekommen) vom Finanzamt erstatten lassen.

Solange du eine bestimmte (ziemlich geringe) Umsatzgrenze nicht überschreitest, hast du die Wahl: Entweder du bleibst erst einmal Kleinunternehmer, dann brauchst du nichts weiter zu tun. Oder du optierst freiwillig zur sogenannten „Regelversteuerung“, also zur vollen Umsatzsteuerpflicht. Wenn du zur Regelbesteuerung optierst, bist du an diese Entscheidung fünf Jahre gebunden. Soweit die Fakten.

Viele Gründer sind von der Idee des Kleinunternehmers erst einmal ganz angetan, was absolut verständlich ist. Eine Gründung bringt sowieso schon so viele lose Enden und Unsicherheiten mit, dass die Aussicht, sich zumindest nicht mit der Umsatzsteuer befassen zu müssen, natürlich ziemlich verlockend erscheint.

Die Sache hat allerdings ein paar beachtliche Pferdefüße, die ich dir nicht vorenthalten will:
Zum einen bedeutet die Tatsache, dass du Kleinunternehmer bist, keineswegs den erhofften vollständigen Opt-out aus der Umsatzsteuer für dich. Denn wer heute als Unternehmer – auch als *Klein*unternehmer – zum Beispiel ein WordPress Theme herunterlädt, die iCloud nutzt, Facebook-Anzeigen schaltet, einen Online-Kurs eines ausländischen Anbieters bucht oder eine ganze Reihe ähnlicher Sachverhalte verwirklicht, bekommt dafür – wenn alles mit rechten Dingen zugeht – von seinem Geschäftspartner sogenannte „Netto-Rechnungen“ und ist verpflichtet, die darauf fällige Umsatzsteuer selbst anzumelden und an das Finanzamt zu überweisen.

Zum anderen hast du, gerade wenn du gründest, jede Menge Anlaufkosten zu tragen. Wenn du als Kleinunternehmer zum Beispiel im Computerladen einen Laptop kaufst, zahlst du 1.200 € an der Kasse und musst den Betrag in voller Höhe aufbringen.

Bist du umsatzsteuerlicher „Regelversteuerer", bekommst du die in diesen 1.200 € enthaltene Umsatzsteuer – das sind 19 % in Deutschland und 20 % in Österreich – vom Finanzamt wieder erstattet. Deine Liquidität wird also nur mit rund 1.000 € belastet. Bei der Menge an Ausgaben, die du zu Beginn deines Unternehmerlebens investieren darfst, macht das unter dem Strich eine ganze Menge Geld aus, das du schon mal nicht aus eigenen Mitteln aufbringen musst.

Dazu kommt noch, dass du auf jede deiner Rechnungen schreiben musst, dass du Kleinunternehmer bist und deshalb keine Umsatzsteuer berechnest.

Das zeichnet in den Köpfen deiner Kunden ein Bild davon, wie und in welchem Umfang du dein Unternehmen betreibst. Als nebenberuflicher Nachhilfelehrer mag das vielleicht noch keinen großen Unterschied in der Wahrnehmung deiner Kunden machen, aber wenn du von gestandenen Unternehmern für voll genommen werden möchtest, ist das nicht gerade ein Aushängeschild für Professionalität.

Der dickste Nachteil ist, nach meiner Erfahrung, jedoch ***dein eigenes Mindset****.*

Nicht, dass wir uns missverstehen: Die Kleinunternehmer-Regelung hat durchaus ihren Anwendungsbereich, nämlich die sogenannten „Mondschein- oder Küchentisch-Gewerbe". Ob das die Kosmetikerin ist, die gelegentlich auf Kindergeburtstagen bunte Masken schminkt, der Student, der nebenbei Computer wartet oder Englisch-Nachhilfe gibt, oder der pensionierte Handwerker, der hin und wieder irgendwo ein paar Lampen aufhängt – sie alle eint vor allem eines: Sie verdienen damit nicht ihren Hauptlebensunterhalt und wollen das auch in Zukunft nicht tun. In diesen Fällen wäre der bürokratische Aufwand für die Umsatzsteuer einfach nur ein Klotz am Bein.

Deine Ausgangssituation als Gründer ist eine völlig andere: Du willst ein florierendes Unternehmen aufbauen, das in Zukunft gut für dich, deine Familie und auch deine Mitarbeiter sorgt. Was du dabei definitiv nicht in deinem Kopf brauchst, ist eine Betragsgrenze, die du „maximal verdienen darfst", damit dir das Damoklesschwert „Umsatzsteuer" nicht auf den Kopf fällt. Kaum kommst du ein wenig ins Geldverdienen, leuchtet eine permanente Warnleuchte in deinem Kopf und du beginnst ernsthaft zu grübeln, ob du diesen schönen Auftrag heuer überhaupt noch annehmen darfst oder ob du dann vielleicht die Kleinunternehmergrenze reißt. In Deutschland liegt diese Grenze derzeit bei € 17.500.- Umsatz – das ist in meinen Augen gerade zu wenig zum Leben und zu viel zum Sterben. Für Österreich sind es € 30 000.- etwas besser, aber auch viel zu wenig für einen würdigen Lebensunterhalt.

Als Gründer kennst du nur eine Richtung: nach vorne und oben. Und nichts sollte dich dabei begrenzen, dein Unternehmen voranzubringen. Schon gar nicht eine Zahl, die vom Gesetzgeber aus der Luft gegriffen wurde, um einen völlig anderen Sachverhalt zu regeln. Oder die Angst vor einem bürokratischen Aufwand, der bei näherem Hinsehen in der Praxis gar kein so großes Ding ist.

Ja, für die Umsatzsteuer darfst du ein paar Grundregeln lernen. Aber ein Hexenwerk ist sie nicht. Wenn man einmal verstanden hat, wie sie tickt, ist sie eigentlich ganz einfach.

Die Umsatzsteuerpflicht hat auch noch einen weiteren Vorteil für dich: Sie „nötigt" dich nämlich vom ersten Tag an, dir einen schicken, einfachen Workflow für deine Buchführung zuzulegen. Denn für deine Steuererklärungen musst du deine Einnahmen und Ausgaben sowieso in einer Buchführung aufzeichnen. Wenn du den Beleg dafür dann schon in die Hand nimmst, warum machst du es nicht gleich richtig und erledigst die Umsatzsteuer im gleichen Arbeitsgang mit?

Ein einfacher, durchdachter Workflow, der sich nahtlos in deinen Unternehmeralltag einfügt, garantiert dir die Vorteile der Regelversteuerung und tut dir einen riesigen Gefallen, weil du deine Buchführung nicht in einer gewaltigen Bugwelle über Monate oder gar Jahre vor dir herschiebst. So kannst du dich entspannt dem Wachstum deines Unternehmens widmen.

Klarheit schaffen

Wo wir gerade beim Wachstum sind, möchte ich dir noch ein paar Gedanken dazu mitgeben, wie du dein Unternehmen von Anfang an finanziell gesund aufstellst.

Dazu brauchst du zu allererst Klarheit.

Ich bin kein allzu großer Fan von Businessplänen, mit Ausnahme einer Situation: *vor der Gründung*. Nichts ist so wichtig, bevor du auch nur einen einzigen Euro in die Hand nimmst, als dir sonnenklar darüber zu werden, was du von deinem Business bis wann erwartest. Und nichts erdet dich so sehr, wie einmal auf Heller und Pfennig durchzurechnen, was dein Traum dich kostet und was er dir bringt.

Überlege dir im Vorfeld ganz genau, für welchen Zeitraum du akzeptieren willst, dass noch keine oder nur geringe Umsätze fließen.

- Wie viele Euros *genau* darf das Business verschlingen, bevor es beginnt, Euros zurückzugeben?
- Wie *genau* wirst du messen, ob du auf dem richtigen Weg bist?
- Und *was genau* wirst du *wann* tun, um sicherzustellen, dass dein Unternehmen auf Kurs bleibt.

Denke jetzt auch über das „Undenkbare" nach:

- Wann wirst du die Reißleine ziehen, wenn sich deine Pläne nicht verwirklichen? Du wirst dann etwas Vorlaufzeit brauchen, denn du kannst ein Business nicht innerhalb eines Tages von 100 auf null herunterfahren.

Jetzt – bevor es richtig losgeht – ist der Zeitpunkt, um all diese Fragen zu beantworten. Auch, wenn es vielleicht wehtut, vom Herausschieben wird es nicht besser. Heute ist der Tag, an dem du deine Pläne noch problemlos anpassen kannst, ohne Zeit, Geld und Energie zu verschwenden.

Male dir das Best-Case-Szenario aus und plane schon einmal, welche Anpassungen du vornehmen wirst, um eine unerwartet positive Entwicklung deines Unternehmens optimal zu unterstützen.

Durchdenke aber auch das Worst-Case-Szenario und wie du in diesem Fall reagieren wirst, um dich und deine Investition zu schützen. Idealerweise entwickelst du dabei einen vollständigen Plan B. Ein solcher Plan wirkt für uns Unternehmer wie ein Fallschirm. Wir brauchen ihn hoffentlich nie, aber falls doch, hilft er uns, im Sturm einen klaren Kopf zu behalten und bessere Entscheidungen zu treffen.

Finanzen aktiv steuern

„What gets measured, gets done", heißt es. Zu Deutsch:

Worauf du dein Augenmerk legst, das wird erledigt.

Deshalb ist auch jetzt – gleich zu Beginn – der richtige Moment, dir zu überlegen, welchen Gewinn du ab sofort von jedem Euro erwirtschaften möchtest. Ich weiß, die meisten Berater sagen dir, du sollst jetzt noch nicht an Gewinn denken, aber das ist Unsinn. Wenn du dir nicht von Anfang an vor Augen hältst, dass dein Unternehmen sowohl sich selbst als auch dich versorgen soll und nicht umgekehrt, wird es später umso schwieriger, den Kurs zu korrigieren. Wenn du heute nach New York rudern wolltest, würdest du ja auch nicht erst mal Kurs auf Sydney nehmen, nur um dann den halben Weg wieder zurück zu rudern, oder?

Selbstverständlich wirst du zu Beginn eine Summe X investieren und selbstverständlich führt das auf dem Papier zu einem (steuerlichen) Verlust, doch das hat nichts damit zu tun, dass – bereinigt um diese Investitionskosten – deine Umsätze profitabel kalkuliert sein müssen. Versuche diese beiden Sachverhalte in deinem Kopf sauber zu trennen, sonst kommst du finanziell in den Wald.

Ein heißer Tipp:

Mindestens 5 % Gewinnspanne ist die neue „schwarze Null".

Denn du brauchst eine gewisse Schwankungsbreite, um auch mal einen kleinen Umsatzeinbruch abfangen zu können, ohne gleich in die roten Zahlen zu rutschen. Das ist übrigens keine Schwarzmalerei, sondern im laufenden Betrieb eines Unternehmens völlig normal.

Also nimm von jeder Kundenzahlung ganz real diesen Gewinnanteil und lege ihn auf ein spezielles Gewinnkonto. Davon finanzierst du das zukünftige Wachstum deines Unternehmens – im Idealfall ganz ohne Banken.

Als Nächstes klärst du, welches Inhabergehalt du dir in Zukunft bezahlen möchtest. Du musst hier natürlich nicht sofort mit einem Vollzeitgehalt starten, das kann kaum ein Gründer stemmen. Aber es ist immens wichtig, dass du weißt, wie ein Vollzeitgehalt für einen äußerst engagierten Geschäftsführer in deiner Branche aussehen würde.

Nur so kannst du dein Unternehmen langfristig dazu erziehen, diesen Betrag in Zukunft für dich und deinen Lebensunterhalt bereitzustellen, statt ihn in nicht enden wollende Investitionen zu schieben. Fang hier gerne mit einem Prozent deiner Umsätze an, aber zahle es dir vom ersten Tag an aus und erhöhe den Prozentsatz regelmäßig.

Auch das hat etwas mit Mindset zu tun. Am Anfang wirst du dein „Baby“ ernähren, es großziehen und ihm das Laufen beibringen und es ist völlig in Ordnung, dass du in dieser Zeit mehr einbringst als du bekommst. Langfristig ist der Zweck deines Unternehmens jedoch, dich zu ernähren – nicht umgekehrt. Und damit ihr beide das nicht aus den Augen verliert, brauchst du vom ersten Tag an zumindest einen „symbolisches“ Inhabergehalt.

Außerdem wird dein Unternehmen – hoffentlich schon bald – Steuern bezahlen dürfen. Wenn es soweit ist, ist das übrigens ein Grund zum Feiern, denn es bedeutet, dass dein Unternehmen erwachsen wird und gut für sich – und dich – sorgt.

Dennoch erweist sich dieser Moment für viele Unternehmer als „Selbstständigkeits-Killer“. Denn das Finanzamt ist unglaublich lange geduldig und zahm und lässt dich als Unternehmer nach Herzenslust sein Geld ausgeben, ohne je einen Anspruch anzumelden. Braucht es auch nicht, der Anspruch steht ja im Gesetz und das Finanzamt darf darauf vertrauen, dass du dich danach richtest.

Das bedeutet, wenn der Steuerbescheid dann irgendwann kommt, erwartet es deine Zahlung gewöhnlich innerhalb von vier Wochen. Und zwar nicht nur für das erklärte Jahr, sondern meistens in gleicher Höhe auch noch als „nachträgliche Vorauszahlungen“ für die Zeit, die seither ins Land gegangen ist. Wenn du dieses Geld dann erst irgendwo auftreiben musst, hast du ziemlich schlechte Karten.

Dabei ist es ganz einfach: In jeder Kundenzahlung ist ein Anteil enthalten, der von Beginn an dem Finanzamt und nicht dir gehört. Dieses Geld erhältst du sozusagen vom Kunden nur „zu treuen Händen“. Deshalb trennst du es idealerweise auch sofort von deinem eigenen Geld und sammelst es auf einem separaten Steuer-Rücklagenkonto an. Das ist die beste und sicherste Methode, dich an dieser Stelle niemals in Schwierigkeiten zu bringen.

So, nun hast du von deinen Kundenzahlungen schon einen Anteil für den ***Gewinn*** gesichert, einen Anteil für dein ***Inhabergehalt*** überwiesen und du hast das Geld des ***Finanzamtes*** zur Seite gelegt.

(Für Österreich: Lege dir auch ausreichend für die **SVA** weg – im 3. Geschäftsjahr kommt die erste wahrhafte Einschätzung, wenn du da kein Geld weggelegt hast, kommt es hier zur Katastrophe. Das Gute an den SVA-Beiträgen ist, dass sie einkommenssteuermindernd abschreibbar sind. Anm. Hrgb.)

Der verbleibende Teil – und nur dieser Teil – steht dir jetzt für deine ***Betriebskosten*** zur Verfügung.

Durch diese Aufteilung bringst du deinem Unternehmen gleich vom ersten Tag an bei, mit dem auszukommen, was ihm tatsächlich zur Verfügung steht und nicht über seine – und deine – Verhältnisse zu leben.

Ich kenne eine Menge Unternehmer, die ihren rechten Arm dafür geben würden, diese Leitplanken gleich zu Beginn aufgestellt zu haben, so wie du es jetzt tun kannst – herzlichen Glückwunsch dazu!

Übrigens:
Die Methode, die ich dir gerade in den Grundzügen erklärt habe, nennt sich „**Profit First**“. Wenn du mehr darüber wissen möchtest, lege ich dir unbedingt das gleichnamige Buch ans Herz. Es macht den Unterschied zwischen einem kapitalfressenden Monster-Unternehmen und einem braven Arbeitspferd und ist eines der besten Bücher, die du als Unternehmer lesen kannst.

Deine Checkliste für Steuern und Finanzen

- Schenke dir eine Portion unschuldiger Neugier, mit der du dem Thema begegnest.
- Überlegst du, die Kleinunternehmer-Regelung anzuwenden? Dann hinterfrage sicherheitshalber deine Motive.
- Erschreckt dich das Thema Umsatzsteuer? Dann überlege auch, ob du das Thema lieber jetzt gleich Schritt für Schritt mit wenigen Belegen lernst oder später alles auf einmal.
- Hast du viele Anlaufkosten für dein Business, bei denen dir die 19 % bis 20 % erstattungsfähige Umsatzsteuer guttun würde, oder spielt das für dich keine Rolle?
- Wird der Hinweis auf die Kleinunternehmer-Regelung auf deinen Rechnungen bei deinen Kunden einen ungewünschten Eindruck erwecken oder ist es ihnen egal?
- Wie wird sich die Kleinunternehmer-Regelung auf dein Mindset auswirken? Nimmst du dich selbst als Kleinunternehmer wahr und wünschst du dir eine Art „Welpenschutz" oder scharrst du schon mit den Hufen, um so richtig durchzustarten?
- Wie willst du deinen Buchführungs-Workflow gestalten, um jederzeit einen klaren Überblick über die Ergebnisse deiner Leistung zu haben?
- Hast du dein Gründungsvorhaben schon auf Herz und Nieren durchleuchtet?
- Wie viel Zeit und Geld gibst du deinem Unternehmen, um abzuheben?
- Wie stellst du sicher, dass du im Ernstfall rechtzeitig die notwendigen Entscheidungen triffst?
- Wie viel Gewinn willst du erwirtschaften? Eröffne ein separates Gewinn-Rücklagenkonto und beginne mindestens mit einem symbolischen Prozent deines Umsatzes.
- Wie hoch ist das marktübliche Gehalt für einen engagierten Geschäftsführer in deiner Branche? Zahle dir selbst von Anfang an mindestens ein symbolisches Prozent deines Umsatzes.

- Eröffne ein separates Steuer-Rücklagenkonto und bringe das Geld des Finanzamtes in Sicherheit, bevor es die Gelegenheit hat, in deinen Kosten unterzugehen.
- Lass deiner Kreativität vollen Lauf, um mit dem Rest deiner verdienten Umsätze genau die Investitionen zu tätigen – und nur die –, die dein Unternehmen bestmöglich voranbringen.

Ich mache heute gleich Nägel mit Köpfen und ...

....

....

....

....

....

....

....

....

....

....

....

....

....

....

....

Petra und ihr Mindset

Manchmal kippt Petra noch in ihr altes Gedankenmuster: „Werde ich es jemals schaffen?“ Und, seit sie über ihre Ausgaben und geplanten Einkünfte Bescheid weiß, auch: „Werde ich es finanziell schaffen?“

In solchen Momenten wird die Welt grau und düster. Ein starkes Gefühl der Angst beschleicht Petra. Das geht tief in ihre Knochen. Was wird aus ihrer Familie? Bis jetzt hat sie mit ihrem Teilzeitgehalt und der kleinen Selbstständigkeit doch fast 40 % der Kosten ihrer Familie abgedeckt.

Wird sie das auch mit ihrer Vollzeitselbstständigkeit schaffen?

Doch wie bisher weiterzumachen, das zehrt an ihrer Gesundheit. Sie ist einfach nicht mehr zufrieden mit dieser Halbe-halbe-Lösung. Und das wird von Tag zu Tag schlimmer.

Petra fühlt: Es ist wirklich Zeit, etwas zu ändern – auch wenn sie Angst vor der Veränderung hat. Sie weiß mittlerweile, dass sie gegen die schlechten Gefühle etwas tun kann.

Da Eva ganzheitlich arbeitet, hat sie auch dazu einen Tipp. Sie hat einen reichen Fundus an Erfahrungen und Ausbildungen, die weit über Text und Marketing hinausgehen. Und so gibt sie im Mentoring-Programm kleine Übungen für Mindset-Probleme bzw. kann sie einen Coach oder Lebensberater empfehlen, wenn sie größere Erfolgs-Verhinderer erkennt.

„Angst zu haben bedeutet, sein Leben bedroht zu sehen. Das ist ein durchaus sinnvolles Gefühl, das unser Leben retten kann.
Doch Angst hindert uns auch, Altes loszulassen, ob wir nun an zerstörten Beziehungen festhalten oder weiterhin in einem Arbeitsverhältnis hängen, das uns nicht mehr befriedigt.

Angst hindert uns, unser Leben zu ändern, genau zu schauen und dann zu tun, was getan werden muss.

Die Angst ist in der Traditionellen Chinesischen Medizin dem Wasserelement zugeordnet. Wenn uns Angst im Griff hält, erstarren wir, erstarrt unser Blut. ‚Vor Angst erstarrt‘ heißt es. Der Lebensfluss ist gestoppt“, zeigt Eva eine völlig neue Welt auf. Und sie erzählt Petra ihre Geschichte, wie sie einmal durch eine große Angst hindurchging.

„Ich hatte mich gerade vom Vater meiner Kinder getrennt. Es war am Abend vor dem Einschlafen. Da kam plötzlich diese Angst in mir hochgekrochen. Ich kannte sie, denn sie war immer wieder mal aufgetaucht. Doch hatte ich sie bisher gut verdrängen können. Diesmal war es anders. Das beklemmende Gefühl nahm mir wie Wehen den Atem. Ich war panisch und glaubte nicht, dass ich meine Kinder je würde ernähren können.
Ich lag da und hatte einfach nur Angst.

Ich hätte sie erneut unterdrücken können, doch diesmal wollte ich mir dieses Gefühl genau ‚anschauen‘. Also schaute ich und fühlte. Es war tatsächlich wie eine Wehe. Ich sah am anderen Ende der Angst ein Licht. Das erinnerte mich an den Geburtsvorgang.

Daher begann ich zu atmen. Ich atmete in die Angst hinein und arbeitete mich durch sie hindurch, wie der Säugling bei der Geburt. Und als ich im Licht angekommen war, war das Gefühl nahezu weg. Übrig blieb das vage Echo einer Angst. Es machte sich augenblicklich ein fast wohliges Gefühl breit und die Gewissheit stieg in mir auf, dass ich es schaffen würde.“

Und so geht es:

Emotionen beatmen

Emotionen wie zum Beispiel Angst, Trauer, Wut oder Sorge sind in der chinesischen Medizin nichts anderes als eine Form von Qi, das sich staut. Darum können wir auch Emotionen über den Atem beeinflussen.

Die Idee dahinter ist, dass Emotionen für einen gewissen Zeitraum ein guter Motor sind, um etwas zu erreichen. Emotionen verleihen uns Kräfte, die wir nutzen können, um gewisse Umstände im Leben zu verändern.

Zum Beispiel:

- Unzufriedenheit: Begib dich auf die Suche!
- Wut: Komm in die Gänge!
- Trauer: Lass los!
- Sorge: Schau dich um!
- Angst: Pass auf!

Unsere Atmung reagiert auf die jeweilige Situation im Leben. Wenn du glücklich bist oder dich freust, atmest du entspannter und tiefer, als wenn du unter Druck und Stress stehst oder gar wütend bist. Der Körper kennt dein Atemmuster bei Freude, bei Stress usw. Er reagiert also auf die Botschaft, die der Atem liefert, und erzeugt das passende Gefühl dazu.

Das können wir nützen, um bewusst Emotionen zu verändern.

Achte einmal darauf, wo du die jeweilige Emotion spürst. Spürst du die Angst im Herzen? Oder an den Nieren? Den Stress im Bauch? Oder im Magen? Oder schnürt es dir die Kehle zu?

Wo auch immer du das Gefühl spürst, beatme es.
Spürst du den Stress beispielsweise im Nacken – atme tief, aber ohne Anstrengung in den Bauch. Vielleicht spürst du dort zuerst eine Enge, so dass du nicht völlig frei einatmen kannst. Atme aus und wieder ein, lass Atem durch diese Blockade fließen und weite sie aus, bis du frei in den Bauch atmen kannst.
Jetzt stelle dir dabei vor, dass du dich mehr und mehr entspannst. Breite diese Entspannung im ganzen Körper aus, bis sie in deinem Nacken ankommt.

Einen kurzen Moment noch wirst du dich an das Gefühl „Stress“ erinnern, das dann der Entspannung weicht. Der Körper ist zuerst etwas verwirrt, doch er kann nicht zwei Gefühle zur gleichen Zeit fühlen.

Den Stresszustand aufrechterhalten UND angenehm entspannt sein zur gleichen Zeit, das geht nicht. Der Körper reagiert immer nur auf den Atem. Hältst du den Atem an, verspannt sich dein Körper, atmest du frei, entspannt er sich.

Du entspannst dich und kannst wieder klar denken.

Eva arbeitet auch mit Affirmationen und diversen Mentaltechniken. Dazu beraumen die beiden eine gesonderte Einheit an. Petra darf sich entspannen und Eva führt sie in einer Gedankenreise zu ihrem Traumziel. Dort kann sich Petra immer wieder Kraft holen, wenn es Gegenwind im Business geben sollte.

„Und Gegenwind ist ganz normal, wenn du selbstständig bist“, sagt Eva. „Die Selbstständigkeit ist wie ein persönlichkeitsbildendes Seminar – nur dass du dafür bezahlt wirst. Du wirst immer wieder an deine Grenzen geführt und darfst darüber hinausgehen. Nur so ist echtes Wachstum möglich.“

Gemeinsam mit Eva erstellt sich Petra einen Anker, ein mentales Bild, das sie immer dann abrufen darf, wenn sie an ihrem Ziel zweifelt.

Und Eva gibt Petra den Kontakt zu Stephanie Mertens, die ihr nachfolgende Reflexionsübung an die Hand gibt.

Reflexion: Mit innerer Stärke ans Ziel

Stephanie Mertens. Auszug aus dem Buch „**Mit Chrisma zum Erfolg. Wirksame Texte für dein Unternehmen**.“
www.stephaniemertens.de

Du hast dich selbstständig gemacht. Das ist toll! Meinen Glückwunsch!

Das Selbstständigsein ist eine enorm bereichernde Form zu arbeiten und zu leben. Sie ist allerdings auch anders. Anders, als im Angestelltendasein.

Besonders, wenn du als Einzelunternehmerin unterwegs bist, stellen sich dir viele Herausforderungen, und nicht alle liegen dir gleichermaßen.

Du bist von Anfang an gefragt Entscheidungen zu treffen.

Du musst deine Stärken und Schwächen kennen, an dir arbeiten, dich weiterentwickeln.

Nebenbei sollst du Kunden für dich und deine Arbeit gewinnen und vielleicht auch schon die ersten Mitarbeiter führen.

Wie geht es dir damit?

Erlebst du deine Entwicklung linear aufsteigend nach oben?

Vermutlich nicht. Sehr wahrscheinlich erlebst du immer wieder Momente von Feststecken, von Hilflosigkeit und auch Überforderung.
Bei manchen mehr, bei anderen weniger. Ganz oft habe ich beobachtet, dass es gerade am Anfang der Vollzeit-Selbst-

ständigkeit ein halbes Jahr oder auch länger dauert, bis die Betreffende sich in der Rolle der Selbstständigen bewusst wahrgenommen hat. Nur weil der Schritt in die Selbstständigkeit gemacht ist, ist man nicht sofort auch ausgebildete Unternehmerin. Gerade bei Frauen hat diese Erfahrung vielfach Unsicherheit und viele Selbstzweifel zur Folge.

Das wollen wir jetzt ändern. Ich gebe dir hier ein Werkzeug an die Hand, wo du deine innere Stärke trainieren kannst.

Denke einmal an einen Moment, in dem du dich richtig, richtig gut gefühlt hast:

Wie war deine Körperhaltung?

- Gerade und eher hoch aufgerichtet?
- Offene Arme, breiterer Stand, das Gesicht erhoben?
- Vielleicht hat ein Lächeln in deinen Mundwinkeln gesteckt, der Schalk aus deinen Augen geblitzt?

Beschreibe es:

....

....

....

....

....

....

....

....

Und nun denke einmal an einen Moment, in dem du dich nicht so gut gefühlt hast:

Wie war deine Körperhaltung?

- Zusammengesunken?
- Die Schultern hochgezogen, die Brust eingezogen?
- Die Arme verschränkt, die Beine dicht zusammen oder übereinandergelegt, der Kopf leicht gesenkt?
- Die Lippen ein wenig verkniffen, die Augen sogar ein wenig schmaler, als sonst?
- Was ist mit deiner Stimme?
- Hörst du dich anders an?

Beschreibe es:

....

....

....

....

....

....

....

....

Du merkst schon, worauf es hinausläuft, oder?
In deiner Körpersprache liegt viel Kraft! Deine Körpersprache wird auch durch deine Stimmung getragen, und:

Deine Stimmung hat Einfluss auf dein Auftreten!

Dein Auftreten drückt deine Stimmung aus! Das lässt dich deine innere Stärke spüren und nutzbar machen.

Weißt du, dass das Ganze auch umgekehrt beeinflussbar ist?

Du kannst deine Stimmung ein Stück weit selbst steuern und so deine innere Stärke trainieren.

Indem du dich zum Beispiel an Tagen, an denen du dich nicht so richtig gut fühlst, in deine Lieblingsklamotten wirfst. Oder in die Kleidung, die das, was du ausdrücken möchtest, für dich passend unterstreicht. (Schick machen für den Termin, zum Weggehen, für besondere Anlässe usw.)

Du kannst also auch über den **Stil deiner Kleidung** Einfluss auf deine Stimmung nehmen.

Du richtest bewusst deine Körperhaltung auf:
Kopf hoch, Brust raus, Bauch rein – du kennst die Formulierung, stimmt's?

Sie stammt ja eher aus dem militärischen Bereich, wo strammgestanden werden muss, um ranghöheren Soldaten sowohl dem Respekt, als auch die Bereitschaft zur Entgegennahme von Befehlen, zu signalisieren.

In gewisser Weise stehen wir dann für uns selbst bereit.

Wir zeigen uns selbst und nach außen die Bereitschaft es mit dem Tag, dem Thema, der Situation aufzunehmen und entscheiden uns bewusst dafür, dies proaktiv zu tun und nicht passiv und reaktiv. Das macht deine Stärke aus, die dir hilft, die anstehenden Herausforderungen gut zu meisten.

Es ist dann übrigens auch in deiner Stimme zu hören: Wenn du sprichst, hört sich deine Stimme klar an, die Aussprache ist deutlich, die Modulation des Gesprochenen lebendig.

Du gibst dir durch das Mit-Steuern deiner Stimmung einen Motivationsschub, einen Auftrag, ein Ziel, das dir hilft, das innere Unwohlsein leichter zu überwinden. So setzt du deine Stärke gezielt für deine Aufgaben und Ziele ein. Das nennt man auch „Charisma“.

„Menschen mit Charisma zeichnen sich durch ihren Gesichtsausdruck, ihre Körpersprache und Stimme aus.“

Mehr darüber im Buch „**Mit Chrisma zum Erfolg. Wirksame Texte für dein Unternehmen.**“ siehe Buchtipps im Anhang.

Meine Gefühle zu diesem Kapitel

....

....

....

....

....

....

....

Deine Erfolgsstimmung lässt deinen Erfolg erfolgen!

Silvia Wessely – www.silvia-wessely.com

Mit welcher Grundstimmung startest oder erneuerst du dein Business? Die Grundstimmung des Anfangs nährt den Verlauf und bestimmt den Ausgang deiner Idee, deiner Ziele und Visionen!

- „Hoffentlich schaff ich das!"
- „Ich werde das schon irgendwie auf die Bahn bringen!"
- „Ich kann das!"
- „Mulmiges Gefühl dabei, aber ich ...!"

Emotionen wohnen im emotionalen Bereich zwischen Stirnmitte und Nabel. Dort zapfen niedere Frequenzen Energie ab und wir werden über die Jahre immer müder und freudloser.

Jede Stimmung in dir, ob Angst oder Erfolgsstimmung, schwingt dich in einen bestimmten Frequenzbereich ein. Diese Schwingung zieht die dazu passende Situation in dein Leben. Fühlst du dich ängstlich und unsicher, kann sich Erfolg nur sehr schwer manifestieren.

Jeder Mensch hat seine Anlagen und diese sollte er wahren, um die Erfolgsstimmung voll und ganz auszukosten! Die Erfolgsstimmung ist das Gefühl, dass deinen Erfolg erfolgen lässt!

Nur das Gefühl von Erfolg zieht Erfolg nach sich!

Die Frequenz-Wissenschaft hat uns bereits gezeigt, belegt und bewiesen:
Jede Emotion schwingt in einer bestimmten Frequenz. Lebt ein Mensch z.B. unentwegt in Angst, schwingt er genau in dieser Frequenz. Damit ist er ein „wandelndes Angst-Frequenz-Feld“.

Angst ist eine sehr niederschwingende Frequenz und kann nur niederschwingende Frequenzen, also noch mehr Angst, anziehen.

Mangelndes Selbstvertrauen, Unsicherheit, Versagensängste, Erfolgsdruck usw. sind keine von der Natur bestimmten Emotionen, die wir zum Überleben benötigen. Es sind Verhaltensmuster, die du in bestimmten Lebenssituationen als Überlebenshilfe – leider dauerhaft – angenommen hast.

Das Umfeld und deine Erfahrungen formen und programmieren dich fortwährend. So konnten sich erfolgsschwächende Frequenzen manifestieren. Angst schürt das Feuer.

Erfolg, privat oder beruflich, ist definitiv hochschwingend!

Aus diesem Blickwinkel betrachtet, ist es logisch, dass wir uns nicht nur mit dem Erfolg als solchem beschäftigen sollten, sondern mit der Frequenz des Erfolges. Gefühle wie Glück, Freude, Leichtigkeit, Erfolg usw. haben eine bestimmte Frequenz und diese gilt es einzunehmen. So kann sich jedes gewünschte Gefühl manifestieren.

Emotionale Stabilität bedeutet:

Losgelöst vom Schmerz der Vergangenheit sein.

Frage dich also:
Welche Emotionen dürfen in dir wohnen?
Und dann lass nicht mehr zu, dass du anders als erfolgreich schwingst.

Die Stimme als Schlüssel zur emotionalen Stabilität!

Deine Stimme ist der Schlüssel aus diesem Dilemma, sie transportiert deine Emotionen. Am Klang der Stimme hörst du, wie es deinem Gegenüber gerade geht. Menschen entladen sich durch Schreien, Weinen, Kreischen oder sie schlagen einmal um sich, wenn ihre Emotionen überquellen.

Den emotionalen Zustand eines Menschen erkennen wir also an seiner Stimme.

Eine tiefe, monotone Stimme, lustlos oder traurig zeigt: Die Emotionen sind im Keller!

Die Frage ist nun: Können wir ganz gezielt gewünschte Frequenzen in uns kultivieren? Die Frequenz der Angst schmälern und die Erfolgsstimmung trainieren?

Ja!

Finde deinen Eigen-Ton, deinen Grundton!

Laut Nada Brahma hat jeder Mensch seinen persönlichen Ur-Ton, eine ureigene Frequenz, in der er schwingen sollte. Ist diese Frequenz in dir kultiviert und verankert, haben es Fremdfrequenzen, wie „negative Emotionen", sehr schwer „Raum" einzunehmen. Hast du einmal deine persönliche Tonleiter in dir verankert, trägst du deine eigene „Erfolgs-stimmung" immer bei dir, jederzeit abrufbar.

Wenn du deinen eigenen Ton nicht kennst, ist es möglich mit dem universellen Ton „G" zu beginnen. Auf meinem **YouTube-Kanal** (Link im Anhang) findest du Übungsmaterial und Informationen zum Ton „G". Du kannst also sofort damit loslegen, deine Stimmung auf Erfolg zu trainieren. Viel Freude!

Rhythmus ersetzt Kraft

Deine ureigene Frequenz bestimmt aber auch deinen ureigenen Rhythmus. Wie alles in der Natur unterliegen auch wir Menschen einem bestimmten Rhythmus.

„Der Mensch, die Musik und die Natur sind eins!" (Nada Brahma)

Rhythmen aus der Natur sind: Tag/Nacht, Ebbe/Flut, Ein- und Ausatmung, Herzschlag, Saat und Ernte, ...

Harmonie kann nur im für dich richtigen Rhythmus entstehen

Konzentriere dich auf die Harmonie in deinem Leben und auf den Rhythmus deiner ureigenen Tonleiter in dir.

Jeder Mensch hat dasselbe Lied, denselben Rhythmus in sich. Er beginnt nur bei jedem in einem anderen Ton, immer im eigenen Grundton. Jeder Grundton hat seinen eigenen Charakter, eigene Talente, Stärken und Schwächen. Diese Veranlagungen sind festgelegt.

So gibt es Menschen, die es lieben, Zahlen, Daten und Fakten zu sammeln, und andere wiederum gehen in ihrer Kreativität auf oder sind mit therapeutischen Fähigkeiten ausgestattet. Würden alle Menschen ihre Anlagen, Fähigkeiten und Talente kennen, wären alle erfolgreich, glücklich und zufrieden.

Ein Beispiel:
Deine Kollegen nehmen an einem Firmen-Wettkampf teil. Ein 100-Meter-Lauf. Du machst mit, obwohl du kein begnadeter Läufer bist. Solidarität ist erwünscht. Der Startschuss fällt, deine Kollegen zischen ab wie Raketen. Du machst es ihnen gleich. Obwohl du eher ein gemütlicher Mensch bist, der blitzartige Bewegungen nicht mag. Deine Kollegen kommen halbwegs fit am Ziel an. Du ringst um Atem und dein Herz schlägt dir bis zum Hals.

Du hast dich an den Rhythmus deiner Kollegen angepasst, hast deine Harmonie-Zone verlassen. Fremdbestimmt verstimmt ringst du nach Luft. In den Potenzialen anderer zu leben, bringt nicht den gewünschten Erfolg.

So komme ich in das gewünschte Gefühl – Checkliste:

Nimm dir für jede Frage 2 Minuten! Am besten bittest du eine Vertrauensperson, dir die folgenden Fragen (in Du-Form) zu stellen. Sie schreibt alles in Mundart, so wie du es sagst, mit! Alternativ kannst du aber auch eine Sprachnotiz erzeugen.

- Was möchte ich erreichen?
- Warum ist das für die Welt wertvoll?
- Was bekomme ich vom Leben, wenn ich es erreicht habe?
- Wie fühle ich mich, wenn ich es erreicht habe?
- Was werden dann die Menschen (mein ganzes Umfeld) über mich denken?
- Was denke ich dann über mich?
- Wie und wo werde ich leben und arbeiten (Wohnung, Gesundheit, Berufung, finanzielle Freiheit)?
- Was ist das für ein Gefühl?
- Wo in meinem Körper fühle ich dieses Gefühl?
- Welche Farbe hat dieses Gefühl?

Nun liest dir deine Vertrauensperson deine Antworten nochmal vor oder du hörst dir deine Sprachnotiz an.

Verknüpfe dabei dein Gefühl, das du notiert hast, ganz intensiv mit der Farbe.

Schließe deine Augen, stell dir diese Farbe vor, verbinde dich nun mit einem Ton, der aus deinem Nabelzentrum entspringt. Ein Summen oder Brummen, laut oder leise. Die Farbe, der Ton und dein Gefühl sind eins. Programmiere diesen Vorgang in dir durch oftmaliges Wiederholen, am besten täglich 5 – 10 Minuten: Farbe, Ton & Gefühl!

Spiele auch mit unterschiedlichen Tönen in dir.
Welche Tonart magst du, wo fühlst du dich wohl?

Es ist nicht immer nötig, zu wissen, welcher Ton wo sitzt. Wenn du dich mit einem Ton wohl fühlst, programmiere ihn für dich ein! Töne ihn immer wieder!

Wenn du mehr und intensiver eintauchen möchtest, nimm gerne Kontakt mit mir auf.

Ich freue mich darauf!
Stimmungsvolle Grüße
Silvia Wessely
www.silvia-wessely.com

Mein persönlicher Grundton ist:

....

....

....

....

....

....

Der große Tag: Petra eröffnet ihre Praxis

Heute ist der große Tag.

Petra eröffnet ihre Gemeinschaftspraxis.

Sie hat den Tag minutiös geplant und gemeinsam mit ihren Freunden, Familienmitgliedern und neuen Teammitgliedern Werbung dafür gemacht.

Ihre Mentorin Eva hat sie auch bei der Bewerbung unterstützt. Sie hat ein großes Netzwerk und hat den Eröffnungstermin für Petra in die Welt getragen.

Es wird ein wunderbarer Tag. Alle sind zufrieden, der Praxiskalender ist gleich auf einen Schlag für drei Wochen lang gefüllt. Die Aussteller haben Produkte verkauft und sind zufrieden.

Und sogar die Presse hat Wind davon bekommen und wird nun einen Artikel über Petras neue Praxis bringen.

Am Abend liegt Petra müde, aber überglücklich im Bett und kuschelt sich zufrieden an ihren Mann.

Ja, es hat sich total ausgezahlt, bei Evas Mentoring-Programm mitzumachen. Durch die Termine der kommenden Wochen und die Mieteinnahmen werden sich die Kosten für das Programm schon bald komplett amortisiert haben.

Alleine hätte Petra das nicht alles so einfach hinbekommen, das weiß sie.

Heute hat sie den ersten Schritt in ihrem neuen Leben gemacht – und viele weitere Schritte werden folgen.

Wie Petra den Eröffnungstermin geplant hat

Nachdem Petra sich entschlossen hatte, sofort eine Praxisgemeinschaft zu gründen und nicht erst später, begann sie, nach geeigneten Räumlichkeiten Ausschau zu halten.

Zeitgleich suchte sie über das W.I.N Women in Network® von Petra Polk nach Unternehmerinnen, die auch gerade nach einer Praxisgemeinschaft oder einem Praxisraum Ausschau hielten.

Dank Petra Polks Buch „Like. So netzwerken Sie sich an die Spitze“ hatte sie eine genaue Strategie, wie sie nicht nur geeignete Räumlichkeiten, sondern auch passende Partnerinnen für die gemeinsame Praxis finden würde.

Sie sprach mit befreundeten Unternehmern und mit ihren Kunden.

Alle Menschen, die ihr in den Sinn kamen, informierte sie und bat sie, in ihrem Netzwerk auch nachzufragen.

Und schließlich fand sie drei wunderbare Menschen, mit denen sie die Praxis startete.

So fand sie auch bald die passenden Räumlichkeiten – aus dem Netzwerk, das Petra begonnen hatte zu spinnen.

Gemeinsam richteten sie die Räumlichkeiten ein und planten den Eröffnungsevent. Das Gute daran war, dass Petra in dieser Zeit die Mietkosten nicht alleine tragen musste. Sie teilten sich die Miete und achteten darauf, dass sie so rasch wie möglich fertig wurden. Tageweise begannen sie alle schon zu arbeiten – vor dem Event.

Doch so ein Event ist wie ein ganz besonderer Booster.

Viele Menschen erfahren von der neuen Praxis, von den Angeboten, können Vorträge hören, Fragen stellen, Schnupperbehandlungen ausprobieren, am Buffet naschen und Kontakte knüpfen.

Petras Praxis hat einen größeren Raum, wo sie für den ganzen Tag ein spannendes Vortrags- und Mitmachprogramm zusammengestellt haben. Im großzügigen Eingangsbereich, der in eine Wohnküche mündet, stellen sie Folderständer mit Angeboten auf. Auch einige Exemplare der Zeitschrift, die den Eröffnungstermin ihren Lesern angekündigt hat, liegen dort auf.

In der Wohnküche ist ein kleines Buffet aufgebaut, mit Tee, Kaffee und Getränken sowie einem Bio-Imbiss, den das Bio-Lokal ums Eck gesponsert hat. Im Gegenzug legen sie deren Karten in der Praxis auf.

Und dann hat Petra noch drei weitere Netzwerkpartner eingeladen, die dort ihre Produkte ausstellen. Mit diesen Produkten arbeitet Petra in ihrer ManualTherapie auch, daher kann sie sie empfehlen. Die Besucher können sie ausprobieren, kosten, riechen und auch kaufen.

Die drei Netzwerkpartner haben ebenso in ihrem Kreis für den Event Werbung gemacht und beteiligen sich mit einem kleinen Betrag an der Werbekassa.

Und dann kamen die Menschen.

Petra hat ja erst nicht geglaubt, dass dieser Tag überhaupt etwas bringen würde. Aber zuerst kommen alle ihre Familienmitglieder und die der Praxispartner. Und damit ist die Praxis schon sehr voll.

Gegen Mittag tröpfeln dann weitere Gäste ein. Als die Journalistin kommt, ist die Praxis gut gefüllt. Die Fotos werden eine Menge Menschen im Vortragsraum, entspannte Gesichter bei den Schnuppereinheiten der Therapien und lachende beim Feiern im Küchenbereich zeigen.

Petra hat für ihre ManualTherapie drei Pakete geschnürt.

Sie wird keine Einzelstunden verkaufen, hat sie sich entschlossen. Die bringen gesundheitlich keine Verbesserung. Man kann nach der ersten halben Stunde Massage entscheiden, ob man weitermachen will und dann drei, fünf oder zehn Stunden am Stück kaufen. Je nach Paket gibt es weitere „Geschenke" dazu. Wie beispielsweise Massageölproben, Bücher oder Entspannungsmusik auf CD. Mit den Erzeugern dieser Produkte ist sie Kooperationen eingegangen, so hat sie kaum Mehrkosten. Die Wirkung auf ihre Kunden allerdings ist großartig.

Und diese drei Pakete gibt es am Eröffnungstag günstiger. Im Partnerdouble. Wer also für sich und eine Freundin ein Paket kauft, bezahlt nur 1,5 Pakete. Damit füllt sich der Kalender rasch, der Stundeneinzelpreis ist immer noch im grünen Bereich, und es macht ein wahnsinnig gutes Gefühl, wenn der Kalender gleich zu Beginn gut gefüllt ist!

Die nächsten freien Termine wird man erst in drei Wochen bekommen, eine Tatsache, die sich rasch herumspricht: „Diese ManualTherapie ist so gut, dass die auf Wochen ausgebucht sind."

Zukunftsperspektiven

In den kommenden drei Jahren wird sich Petras Praxis so gut füllen, dass sie die erste Kollegin in ihre ManualTherapie einarbeiten wird.

Dabei erstellt sie gleich Schulungsunterlagen für die Ausbildung, die sie fünf Jahre nach ihrer Eröffnung starten wird.

Weitere fünf Jahre später wird sich das Netz an Manual-Therapeuten so vergrößert haben, dass Petra ihr Franchisekonzept ausarbeiten und verkaufen wird. Sie wird zu diesem Zeitpunkt kaum mehr persönlich massieren, denn sie wird ihre Lehrtätigkeit über die Landesgrenze hinaus ausgedehnt haben ...

Diese Ideen habe ich zu meinem Eröffnungsevent:

....

....

....

....

....

....

....

....

....

....

....

....

....

… und so geschah es …

An einem regnerischen Tag mistet Petra wieder einmal ihr Büro aus. Da fällt ihr ein altes Heft in die Hand, auf dem in ihrer eigenen Handschrift steht: „Mein richtig großer Businessplan".

Petra lächelt.

Sie erinnert sich an die ersten Stunden ihrer Planung. „Groß planen" – ja, damit hat ihre Mentorin Eva Recht gehabt.

Dann schlägt sie das Heft auf und beginnt zu lesen:

„Ich wälze mich auf die andere Seite. Ein Blick auf den Wecker – 3:25 Uhr. Die Nacht dauert noch lange. Neben mir höre ich das sanfte Schnarchen meines Mannes …"

Ende

116

TEIL 2

Service

Fähigkeiten einer Unternehmerin

Unternehmerinnen brauchen – neben ihrer fachlichen Kompetenz – noch folgende Kenntnisse:

- Grundkenntnisse Buchhaltung
- Umgang mit Finanzen
- Zeitmanagement
- Kommunikationsfähigkeiten
- Planung
- Entscheidungsfähigkeit
- Durchhaltevermögen
- Zielstrebigkeit
- Selbstmanagement
- Resilienz
- Schreiben
- Grafische Basics
- Basics Marketing
- Basics Webseitenpflege
- Grundkenntnisse: E-Mail-Marketing und E-Mail-Kommunikation

"Roter Faden" für Unternehmerinnen

Hole dir dazu die Planungssheets aus der Arbeitsmappe!

- Erkenne dein Talent, deine Leidenschaft oder deinen Erfahrungsschatz zu einem Thema.
- Definiere ein Problem, das du lösen kannst.
- Erschaffe dir deinen idealen Kunden bis ins kleinste Detail.
- Plane dein Ziel – wo möchtest du hin?
- Mach für dich fest, ob du online oder offline tätig sein willst bzw. beides miteinander verbinden möchtest.
- Auf Basis deines idealen Kunden – seines tiefen Wunsches, wo er hin will, und seiner Merkmale – findest du jetzt die passenden Farben, Formen, Schriften, Schriftgrößen, Bilder und dein Logo. -> *Das braucht eine vertiefende Planung.*
- Erstelle dir mindestens EIN Produkt, das du in der ersten Phase auf dem Markt testen kannst. -> *Das braucht eine vertiefende Planung.*
- Bist du offline tätig? Dann beginne jetzt mit der Suche nach einem Arbeitsraum. Achte auch hier darauf, dass deine Farben, Formen, Bilder etc. transportiert werden.
- Bist du eher online tätig? Plane jetzt die minimalen Elemente – Webseite, Blog, Newsletter, Freebie, Kurs, Beratung –, die du brauchst, um Geld zu verdienen. -> *Das braucht eine vertiefende Planung.*
- Achte auch dabei auf die Merkmale deines idealen Kunden. Mit welchem Sinneskanal erreichst du ihn? Blog, V-Log oder Podcast? Beginne mit dem Format, mit dem du deinen idealen Kunden am besten erreichst. Wenn du dich entschieden hast, mache eine Umfrage bei Menschen, die deinem Wunschkunden ähnlich sind. -> *Das braucht eine vertiefende Planung.*
- Jetzt hast du alle Formate geplant.

- Mache jetzt einen Markttest – mit deinem ersten Produkt und den Farben/Bildern/Design/Text auf dem Markt, damit
- du noch nachjustieren kannst. -> *Das braucht eine vertiefende Planung.*

Nun geht es an die Inhalte

- Je nachdem, wo du deinen idealen Kunden triffst, planst du den Umfang deiner Webseite – wenn du mehr offline tätig bist, wird deine Webseite einen kleineren Umfang haben. -> *Das braucht eine vertiefende Planung.*
- Wähle ein System, in dem du deine Webseite erstellen willst. Ich empfehle WordPress. Das „System“ ist wie das Gerüst eines Autos, wo noch keine Sitze oder Extras drinnen sind.
- Suche dir ein Theme aus – ich empfehle ein Thrive Theme, da es die meisten Möglichkeiten hat, Farben, Formen, Schriften etc. einzustellen. Und es ist sehr schnell, was Google freut. Ein „Theme“ sind die Extras, die du dir für dein Auto aussuchst. Da gibt es tausende auf dem Markt und alle können irgendetwas anderes. Thrive kostet ein paar Euros, aber das zahlt sich aus. Gut zu wissen: Du kannst später jederzeit dein Theme ändern und verlierst die Inhalte deiner Webseite nicht.
- Entscheide, ob du die Webseite selber machen oder dir machen lassen möchtest. Ich unterstütze dich gerne dabei. Wenn du sie dir von jemandem anderen machen lässt, verschließe deine Ohren vor gut gemeinten Ratschlägen mancher Webmaster, wenn es um Inhalte, Farben, Formen, Schriften etc. geht. Leider kommt es immer wieder vor, dass angehende Unternehmerinnen hier das erste Mal vom Weg abkommen. Der böse Wolf ist in dem Fall der Selbstzweifel. Bleib hier deinem Plan und deinem Ziel treu! Nur du kennst deinen Wunsch-kunden genau, daher weißt du, wo es lang geht.
- Gestalte deine Webseite (ggf. auch deine Drucksorten) jetzt grafisch und schreib einstweilen die Inhalte. Brauchst du dazu Unterstützung? -> *Das braucht eine vertiefende Planung.*

- Jetzt ist auch der Zeitpunkt, um dir ein Datum zu definieren, an dem du dein Unternehmen eröffnest. Das
- ist ein wichtiger Punkt. Erstens ist das für dich ein Zielpunkt, die Energie verdichtet sich. Außerdem kannst du – egal, ob offline oder online – eine Eröffnungsparty schmeißen. Bitte auch in deinem Netzwerk oder Freundeskreis um Unterstützung. -> *Das braucht eine vertiefende Planung.*
- Nun kommen dein Freebie, dein Produkt (falls du online startest) und dein Dienstleistungsangebot an die Reihe. Plane (falls du noch keinen Markttest gemacht hast), erstelle Entwürfe und lass sie von deiner Zielgruppe testen.
- Wenn du ein Freebie anbieten willst, brauchst du ein Ziel – das bedeutet E-Mail-Marketing. Überlege dir, welchen Mehrwert deine E-Mails den Abonnenten bieten. Suche dir einen Anbieter, über den du das E-Mail-Marketing technisch abwickeln kannst, z.B: Newsletter2Go – ist bis 1.000 Mails pro Monat kostenfrei. Klick-Tipp kostet um die 70 € pro Monat und ist für professionelles E-Mail-Marketing ideal. -> *Das braucht eine vertiefende Planung.*
- Richte deinen Raum ein, wenn du offline tätig bist.
- Gib deine Drucksorten in den Druck.
- Mindestens zwei Monate vor der Eröffnung: Plane deine Eröffnungsfeier, sprich Kooperationspartner an, die dich unterstützen. -> *Das braucht eine vertiefende Planung.*

Und dann ist es soweit!
Du startest dein Unternehmen.
Gratuliere!

Buchtipps für dein Business

Mit Chrisma zum Erfolg. Wirksame Texte für dein Unternehmen
Stephanie Mertens und Eva Laspas
http://bit.ly/2Ba8wlD

Content Marketing: Dein Wunschkunde und sein Traum: In 9 Tagen zum idealen Kunden.
(Band 2 der Arbeitsbücher vormals Akademie Schreiben lernen)
Eva Laspas und Co-Autorinnen
http://amzn.to/2h7Qmuj

Petra geht ihren Weg: Anleitung Selbstständigkeit
(Band 1 der Arbeitsbücher vormals Akademie Schreiben lernen) von Eva Laspas und Co-Autorinnen
https://amzn.to/2G6n8dH

Profit First"
Mike Michalowicz - https://amzn.to/2A8EJ0v

In der Sprache liegt die Kraft
v. Roswitha Scheurl-Defersdorf
https://amzn.to/2CJVD8b

Gewaltfreie Kommunikation
Marshall B. Rosenberg - https://amzn.to/2OoHH9O

Mission Bestseller. Ratgeber und Sachbücher erfolgreich vermarkten und verkaufen
Tom Oberbichler, be-wonderful, https://amzn.to/2t2incx

Entdecke die Macht der Sprache. Was wir wirklich sagen, wenn wir sprechen.
Joachim Schaffer-Suchomel, Martina Pletsch-Betancourt, mvg Verlag; https://amzn.to/2RBeXaq

Bücher - Verlag Laspas

Achtsamkeit im Alltag. Festival der Sinne, Band 1
Neue Welten entdecken und der eigenen näherkommen. Hrgb.
Eva Laspas
ISBN 978-3950475425

Glück im Alltag. Festival der Sinne, Band 2
Neue Welten entdecken und der eigenen näherkommen. Hrgb.
Eva Laspas
ISBN 978-3950475456

Liebe im Alltag. Festival der Sinne, Band 3
Neue Welten entdecken und der eigenen näherkommen. Hrgb.
Eva Laspas
ISBN 978-3950475494

Festival der Sinne - Journal: Das Buch.
Spannendes, Wissenswertes und Sinnliches über die 5 Sinne
Eva Laspas
ISBN 978-3950421309 (farbige Edition),

Mein Schreibbuch: So fülle ich meine Seiten - Motivation
Eva Laspas
ISBN 978-3950421392

Ernährung nach den 5 Elementen für Einsteiger
Eva Laspas
ISBN 978-3950421354

Lebe frei! Veränderung und Loslassen leicht gemacht
Eva Laspas
ISBN 978-3950421378

7 Schritte zu mehr Lebensfreude - Ganzheitlich leben und wirken
Hrgb. Eva Laspas
ISBN 978-3950524802

Der letzte Zeitwächter. Das Spiel beginnt (1)
Kommunikation auf allen Ebenen – ein Roman-Ratgeber für Menschen, die sich selber gerne hinterfragen
Eva Laspas
ISBN 978-3950510225

Der letzte Zeitwächter. Die Reise nach Aryan (2)
Loslassen, Veränderung und Spiritualität – ein Roman-Ratgeber für Menschen, die sich selber gerne hinterfragen
Eva Laspas
ISBN 978-3950510287

Alle Bücher findest du hier:
https://www.laspas.at/verlag-laspas-ganzheitliche-ratgeber-und-romane/

Oder gleich bei Amazon: https://amzn.to/3qzHghj

Nützliche Links

Webseiten:

Text- und BuchWerke Laspas. Positionierung, Text-Konzepte und Kundenbindung durch Kommunikation (Text, Bild, Farbe und Design – inkl. Website) - www.laspas.at

Festival der Sinne-Onlinemagazin
Magazin für mehr LebensSinn seit 2003
ISSN 2791-4356 (Online)
www.festivaldersinne.info

Metamorphose zum SEIN
Transformation in 10 Wochen – Reflexionsprogramm von Eva Laspas (Reflexion, kein Coaching!)
https://www.festivaldersinne.info/metamorphose-zum-sein/

Angebote Eva Laspas

Mein Workshop „Slogan-Schöpfer“ wird bei der Wortliga gehostet:
https://wortliga.de/workshop-kurz-fassen-lernen-slogan-schoepfer/

1:1-Positionierung-Arbeit mit Eva Laspas

- Wobei immer auch der Hut brennt oder
- womit du unzufrieden bist im Business

(Auf Anfrage)

HerzensART und Positionierung – den Sinn im Leben beruflich umsetzen:

Die Methode innerhalb kürzester Zeit deinen USP (dein Alleinstellungsmerkmal) in Text zu fassen.

- Deine Inhalte erfassen und deine Werte aufspüren.
- Deine Botschaft hören und dein Ziel verstehen.
- Deinen Wunschkunden kennen, seine Sprache entdecken und ihn mit deinen Worten durch Text im Herz berühren.

www.ingramcontent.com/pod-product-compliance
Ingram Content Group UK Ltd.
Pitfield, Milton Keynes, MK11 3LW, UK
UKHW021657190726
13853UKWH00001B/325